Het Betoverende Kookboek met Kurkuma voor Gezonde en Smaakvolle Recepten

100 smaakvolle en gezonde recepten om gezondheid en pit aan uw maaltijden toe te voegen: de ontstekingsremmende en antioxidante krachtpatser, met tips over hoe u het in uw dieet kunt opnemen en op de juiste manier kunt bewaren

Joris van den Berg

Auteursrechtelijk materiaal ©2024

Alle rechten voorbehouden

Geen enkel deel van dit boek mag in welke vorm of op welke manier dan ook worden gebruikt of verzonden zonder de juiste schriftelijke toestemming van de uitgever en de eigenaar van het auteursrecht, met uitzondering van korte citaten die in een recensie worden gebruikt. Dit boek mag niet worden beschouwd als vervanging van medisch, juridisch of ander professioneel advies.

INHOUDSOPGAVE

INHOUDSOPGAVE	3
INVOERING	8
ONTBIJT	9
1. Kurkuma pap met pruimencompote	10
2. Pannenkoeken met kurkuma-banaan	13
3. Kurkuma-cashewrepen	16
4. Notenboter en kokosballen	19
5. Gelaagde Avocado-toast	21
6. Crêpes van kikkererwtenmeel	23
7. Kurkuma-amandelmelk	25
8. Gember Kurkuma Melk	27
9. Asperges met Burrata, Kurkuma en Ei	29
10. Thaise Groente Omelet	31
11. Thaise thee Overnight Oats	34
12. Kurkuma Bloemkool Frittata	36
13. Tofu en boerenkool klauteren	38
14. Met bloemkool gevulde Paratha	41
15. Kurkuma Tofu Scramble	43
16. Kurkuma Goji-haver	45
SNACKS	47
17. Kurkuma-cachou's	48
18. Tandoori Tempeh Gehaktballetjes	50
19. Witte bonen en walnootpasteitjes	53
20. Linzenhamburger met Wortelen	56

21. Chaat Gekruide Kaas Tikka	58
22. Gepaneerde Bhurji-sandwich	60
23. Kurkuma-zoete aardappelpasteitjes	62
24. Geroosterde Kurkuma Aubergine Dip	65
25. Pittige Garnalenbeignets	68
26. Portugese Garnalenrolletjes	70
27. Hakka Spice-popcorn	72

GROENTE HOOFDGERECHTEN 74

28. Geraspte Masala-pompoen	75
29. Gehaktballen van witte bonen en walnoten	77
30. Marokkaanse Yam Veggie Gehaktballen	79
31. Enoki Paddenstoel Masala	82
32. Gekruide tofu en tomaten	85
33. Komijnaardappelhasj	88
34. Mosterdzaadaardappelhasj	90
35. Kurkumakool	92
36. Snijbonen Met Aardappelen	94
37. Aubergine Met Aardappelen	96
38. Met cashewnoten gevulde baby-aubergine	99
39. Fenegriek-Spinazie Aardappelen	102
40. Knetterende Kurkuma Okra	104
41. Mungbonen en rijst met groenten	107
42. Kurkuma-spinazie met "Paneer"	109
43. Ei-gebakken rijst	112

VIS EN ZEEVRUCHTEN 115

44. Kabeljauw in tomatensaus	116

45. Gouden vis	119
46. Chili-sint-jakobsschelpen in kokosmelk	121
47. Chilivis met chutney	123
48. Kurkuma Kreeft Thermidor in Saus	125
49. Visschotel met rode chili	128
50. Parsi-vis	130
51. Vis in een fluweelzachte serranosaus	132
52. Pittige Garnalen In Kokosmelk	135
53. Kurkuma Gestoomde vis	137
54. Tamarinde viscurry	139
55. Zalm in curry met saffraansmaak	142
GEVOGELTE	**144**
56. Kurkuma-amandelkip	145
57. Kurkuma Kip Tikka	148
58. Kip met yoghurt	150
RUNDVLEES EN LAM	**152**
59. Heet kurkuma-lam	153
60. Lamsvlees Met Granaatappel En Kurkuma	155
SOEPEN EN CURRY	**157**
61. Curry van pompoen en spinazie	158
62. Lam dhansak	161
63. Pompoensoep	164
64. Erwtensoep met Spirulina	166
65. Pompoen-kurkumaroomsoep	168
66. Wortel-, sinaasappel- en kurkumasoep	170
67. Kurkuma & Kokossoep	172

68. Mosterd Microgreen Dal Curry	175
69. Perzische granaatappelsoep	177
70. Thaise Citroengras Kikkererwten Curry	180
71. Kurkuma met kikkererwten en bloemkool	183
72. Thaise pompoencurry	186
73. Afslanksoep met kip en bonen	189
74. Gouden Kurkuma Bloemkoolsoep	192
75. Bonencurry of Linzen	194
76. Bonen met Kerrieblaadjes	197
77. Curry Met Kokosmelk	200
78. Chana Masala Peulvruchten	203
79. Kurkuma Bonen en Linzen	205
80. Kurkuma Sojamelk Soep	207
81. Bloemkoolcurry	209
82. Bloemkool-aardappelcurry	211
83. Zonnewende Aardappelsoep	213

SALADES — 215

84. Bieten-tomatensalade	216
85. Op houtskool geroosterde kurkuma-wortelen	218
86. Kurkuma Ayurvedische Salade	220
87. Kurkuma-straatsalade	222

KRUIDEN EN RUBBEN — 224

88. Sambhar Kurkuma Masala	225
89. Kurkuma Rasam-poeder	227
90. Chai Kurkuma Masala	229

DESSERTS — 231

91. Kurkuma en Maca-koekjes	232
92. Kurkuma chocolademousse	234
93. Goji, pistache en citroentaart	236

DRANKEN EN SMOOTHIES 239

94. Kurkuma Amandelmelk	240
95. Kurkumamelk met Moringa	242
96. Kurkuma Kokosmelk Latte	244
97. Banaan-kurkuma-smoothie	246
98. Kurkuma Cashewmelk	248
99. Kurkuma Smoothie met Kombu Kelp	250
100. Kurkuma en Gember Kefir	252

CONCLUSIE 254

INVOERING

Het Betoverende Kookboek met Kurkuma voor Gezonde en Smaakvolle Recepten bevat 100 recepten die de vele manieren laten zien waarop kurkuma kan worden gebruikt om smaak en gezondheidsvoordelen aan uw maaltijden toe te voegen.

Van ontbijt tot diner, van snacks tot desserts, dit kookboek behandelt het allemaal. Recepten bevatten hartige gerechten zoals met kurkuma gekruide kip, geroosterde groenten met kurkuma-tahinisaus en linzen- en kurkumasoep. Er zijn ook zoete lekkernijen zoals kurkuma-gemberkoekjes en kurkuma-honingijs. Elk recept gaat vergezeld van een full colour foto, zodat u precies kunt zien hoe uw gerecht eruit moet komen te zien.

Naast de recepten geeft dit kookboek informatie over de gezondheidsvoordelen van kurkuma, waaronder de ontstekingsremmende en antioxiderende eigenschappen. U vindt er ook tips over hoe u kurkuma in uw dieet kunt opnemen en hoe u het op de juiste manier kunt bewaren.

Of je nu een doorgewinterde kok bent of net begint, HET MAGISCHE KURKUMA KOOKBOEK is de perfecte gids voor het gebruik van deze smaakvolle en gezonde specerij in je kookkunsten.

ONTBIJT

1. Kurkuma pap met pruimencompote

Maakt: 2 porties

INGREDIËNTEN:
VOOR DE PAP
- 100 g mochi-rijst
- ¾ kopjes water
- 1 kopje rijstmelk
- een snufje zout
- 1 eetlepel rijstzoetstof
- ½ theelepel vanille-extract
- 1 theelepel Ashwagandha

VOOR DE PRUIMCOMPOTE
- 300 gram pruimen
- 2 eetlepels rijstzoetstof
- 1 theelepel kurkumapoeder
- 1-ster anijs
- 1 kaneelstokje
- 2 kardemompeulen

INSTRUCTIES:
VOOR DE PAP:
a) Kook de rijst 10-15 minuten met water op laag vuur. Voeg vervolgens de melk toe en laat nog 20 tot 30 minuten koken.
b) Voeg een eetlepel rijstzoetstof toe aan de pap en breng op smaak met een vleugje zout en vanille.
c) Klop de Ashwagandha erdoor.

VOOR DE COMPOTE:
d) Snijd de pruimen in kleine stukjes en doe ze in een kleine steelpan met water, een theelepel zout, rijstzoetstof, kurkuma, kaneelstokje, steranijs en kardemom en laat ze ongeveer 10-15 minuten zachtjes sudderen op middelhoog vuur.
e) Verwijder het kaneelstokje, de steranijs en de kardemompeulen voor het opdienen.
f) Serveer met pap.

2. Kurkuma Bananen Pannenkoeken

Maakt: 2 porties

INGREDIËNTEN:
- 1 kopje glutenvrij havermeel
- 1 theelepel Ashwagandha
- 1 banaan, in plakjes
- 2 eetlepels gemalen lijnzaad
- 6 eetlepels water
- ½ theelepel zuiveringszout
- ¾ kopje niet-zuivelmelk
- ½ theelepel vanille-extract
- 1 theelepel kaneel
- ½ theelepel kurkumapoeder
- 1 eetlepel ahornsiroop
- 1 theelepel appelazijn
- snufje zout
- 1 theelepel kokosolie, om te koken

ANDERE TOPPINGEN:
- kokosnoot vlokken
- elk plaatselijk fruit
- hazelnoot boter
- cacaobonen

INSTRUCTIES:

a) Meng het gemalen lijnzaad met het water, roer een paar keer en laat 20 minuten staan
b) Giet de bloem in een mengkom, voeg de baking soda toe en roer om te combineren
c) Voeg de lijnzaadmeel, melk, vanille, kaneel, kurkuma, ahornsiroop en azijn toe en roer tot een pasta-achtig mengsel
d) Verhit de kokosolie in een grote koekenpan op laag vuur en bak de pannenkoek 1-2 minuten, tot de zijkanten goudbruin zijn en er bubbels aan de bovenkant ontstaan.
e) Terwijl de bubbels zich vormen, begin je met het toevoegen van een paar plakjes banaan bovenop de pannenkoek.
f) Draai om en bak nog 1-2 minuten aan de andere kant.

3. Kurkuma cashewrepen

Maakt: 16 repen

INGREDIËNTEN:
KORST
- ¾ kopje geraspte kokosnoot
- 1 ¾ kopjes geactiveerde zonnebloempitten, geweekt
- ⅓ kopje ontpitte Medjoul dadels
- 1 theelepel Ceylonkaneel
- ½ theelepel zeezout
- 2 eetlepels koudgeperste kokosolie

VULLING
- 2 kopjes rauwe cashewnoten, een nacht geweekt
- 1 kop geraspte kokosnoot
- 1 kopje kokos kefir
- ⅓ kopje ahornsiroop, naar smaak
- ¼ theelepel vanillestokje
- 2 eetlepels vers citroensap
- 1 theelepel citroenschil
- 2 eetlepels Ashwagandha-poeder
- ½ theelepel zeezout
- ½ theelepel kurkumapoeder
- ¼ theelepel zwarte peper
- ¼ kopje kokosolie

INSTRUCTIES:
KORST
a) Smelt alle kokosolie in een pannetje.
b) Combineer geraspte kokosnoot, zonnebloempitten, Medjool-dadels, kaneel en zeezout in een keukenmachine. Pulseer het mengsel tot het een fijne crumble vormt.
c) Besprenkel langzaam met 2 eetlepels verwarmde kokosolie. Pulseer de ingrediënten opnieuw.
d) Giet het korstmengsel in een met bakpapier beklede brownievorm en druk stevig en gelijkmatig aan om een korst te vormen.
e) Plaats het in de vriezer.

VULLING
f) Combineer in een keukenmachine de cashewnoten, geraspte kokosnoot, kefir, ahornsiroop, vanilleboon, citroensap, citroenschil, Ashwagandha-poeder, zeezout, kurkuma en zwarte peper tot een fijne crumble.
g) Roer langzaam de gesmolten kokosolie/boter erdoor.
h) Schraap de gouden melkvulling met een spatel over de korst en verdeel het gelijkmatig.
i) Zet de vorm een nacht in de koelkast om uit te harden.
j) Haal het gerecht uit de koelkast/vriezer als het klaar is om te serveren.
k) Leg het blok op een grote snijplank en laat indien nodig 10 tot 15 minuten ontdooien.
l) Snijd het gelijkmatig in 16 vierkanten.
m) Serveer direct met kokosvlokken erover!

4. Notenboter en kokosballetjes

Voor: 12 bollen

INGREDIËNTEN:
- 16 ons hazelnootboter
- $\frac{1}{2}$ kopje gedroogd fruit
- $\frac{1}{2}$ kopje halfzoete chocoladeschilfers of cacaobonen
- $\frac{1}{4}$ kopje chiazaad
- $\frac{1}{4}$ kopje honing of agavesiroop
- $\frac{1}{4}$ kopje Ashwagandha-poeder
- $\frac{1}{2}$ theelepel kurkumapoeder
- $\frac{1}{2}$ eetlepel gemalen kaneel
- Kokosvlokken, genoeg om te coaten

INSTRUCTIES:
a) Meng alle ingrediënten tot ze eruit zien als gedroogd koekjesdeeg.
b) Verdeel het deeg in kleine balletjes.
c) Smeer de balletjes in met kokosvlokken.
d) Laat 1 uur rusten in de koelkast om op te stijven.

5. Gelaagde avocadotoost

Maakt: 2 porties

INGREDIËNTEN:
- 1 eetlepel zuivelvrije boter
- 4 ons extra stevige tofu, uitgelekt en geperst
- ¼ theelepel zwart zout
- ¼ theelepel uienpoeder
- Snufje kurkuma
- 1 avocado
- Snufje gemalen zwarte peper
- 1 theelepel limoensap
- 2 sneetjes gekiemd graanbrood

INSTRUCTIES:
a) Voeg de boter toe aan een koekenpan en verwarm op middelhoog vuur. Verkruimel de tofu in de koekenpan. Bestrooi met het zout, uienpoeder en kurkuma en bak ongeveer 4 minuten, zorg ervoor dat de tofu klein verkruimeld is.

b) Pureer in een kleine kom de avocado met de peper en het limoensap.

c) Rooster het brood. Smeer de helft van de voorbereide avocado op elk stuk toast. Bedek met de helft van de voorbereide tofu op elk stuk toast. Snijd de toastjes schuin doormidden.

6. Crêpes van Kikkererwtenmeel

Maakt: 8

INGREDIËNTEN:
- ½ theelepel gemalen koriander
- ½ theelepel kurkumapoeder
- 2 groene Thaise, serrano of cayennepepers, gehakt
- ¼ kopje gedroogde fenegriekbladeren
- 2 kopjes grammeel
- 1 theelepel rode chilipoeder of cayennepeper
- Olie, om in de pan te bakken
- 1 stuk gemberwortel, geschild en geraspt of gehakt
- ½ kopje verse koriander, fijngehakt
- 1 theelepel grof zeezout
- 1½ kopje water
- 1 ui, gepeld en gehakt

INSTRUCTIES:
a) Meng de bloem en het water in een grote mengkom tot een gladde massa. Opzij zetten.
b) Meng de overige ingrediënten erdoor, behalve de olie.
c) Verwarm een bakplaat voor op middelhoog vuur.
d) Verdeel ½ theelepel olie over de bakplaat.
e) Giet het beslag in het midden van de pan.
f) Spreid het beslag in een cirkelvormige beweging met de klok mee vanuit het midden naar de buitenkant van de pan met de achterkant van de pollepel om een dunne, ronde pannenkoek te maken.
g) Bak de poora ongeveer 2 minuten aan de ene kant en draai hem dan om om de andere kant te bakken.
h) Druk met de spatel naar beneden om ervoor te zorgen dat het midden ook gaar is.
i) Serveer met Munt- of Perzikchutney ernaast.

7. Kurkuma Amandelmelk

Maakt: 2 kopjes

INGREDIËNTEN
- 1 eetlepel Ashwagandha-poeder
- 1 theelepel kurkumapoeder
- 2 kopjes amandelmelk
- 1 kaneelstokje
- 1 eetlepel ahornsiroop
- 1 eetlepel eetbare rozenblaadjes, om te garneren

INSTRUCTIES
a) Giet 2 kopjes melk in een grote koekenpan met anti-aanbaklaag op middelhoog vuur.
b) Meng Ashwagandha-poeder, kurkumapoeder en 2 eetlepels water in een klein kopje om een pasta te maken.
c) Giet deze pasta in de hete melk.
d) Voeg kaneel en je favoriete zoetstof toe.
e) Meng alle ingrediënten en laat 4 minuten sudderen op laag vuur.
f) Zet het vuur hoog en haal de pan na de eerste kookbeurt van het vuur.
g) Serveer in twee mokken en strooi er rozenblaadjes over.

8. Gember Kurkuma Melk

Maakt: 2

INGREDIËNTEN
- 2 kopjes ongezoete kokosmelk
- 1 eetlepel bruine suiker
- 1 theelepel gemalen gemberwortel
- 1 kleine peul wortelkurkuma, geplet/fijngehakt
- Snufje kardemompoeder

INSTRUCTIES
a) Combineer kokosmelk en suiker in een pan op middelhoog vuur.
b) Roer het zodat de suiker mooi oplost.
c) Voeg dan gember en kurkuma toe. Roer continu totdat de gouden kleur zichtbaar wordt.
d) Voeg nu de kardemom toe.
e) Laat het 2-3 minuten op laag vuur koken.
f) Bij het serveren zeven de kopjes de warme gouden melk en serveren ze onmiddellijk.

9. Asperges met Burrata, Kurkuma en Ei

Maakt: 6

INGREDIËNTEN
- 1 kilo asperges
- 2 eetlepels koolzaadolie
- Kumquat-saus
- 12 kumquats, in plakjes
- 2 eetlepels geraspte kurkuma
- 1 vanillestokje in de lengte gespleten
- 3-sterren anijs
- 100 ml honing
- 300ml water

SERVEREN
- 6 burrataballetjes
- 6 eidooiers
- 6 eetlepels Geroosterde Boekweit
- 6 theelepels Prei-as

INSTRUCTIES
a) Breng in een pan op hoog vuur alle ingrediënten aan de kook gedurende 10 minuten.
b) Zeef de saus met behulp van een zeef in een kom.
c) Combineer de gesneden asperges met de koolzaadolie in een kom.
d) Leg de asperges 5 minuten op de grill en rol ze af en toe heen en weer.
e) Scheur een bol burrata doormidden.
f) Leg ze op een schaal en leg er een stapel asperges naast, bedek ze met eigeel en snijd ze in de burrata tot de dooier eruit loopt.
g) Sprenkel 3-4 eetlepels kumquatsaus erover.

10. <u>Thaise Groente Omelet</u>

Maakt: 1

INGREDIËNTEN:
THAISE JURK:
- Limoensap: ½
- Vissaus: ½ eetlepel
- Bruine suiker: ½ eetlepel
- Gehakte kleine chili: 1
- Zoete chilisaus: 1 ½ eetlepel
- Rijstazijn: ½ eetlepel
- Pindaolie/olijfolie: 1 theelepel
- Water: 1 eetlepel
- Meng alles tot een geheel.

OMELET:
- Olijfolie
- Knoflook
- Overgebleven groenten naar keuze
- 1 kop Zout: naar smaak
- Eieren: 2
- Water: 2 eetlepels
- Kurkumapoeder: een snufje

INSTRUCTIES:
a) Roerbak knoflook, champignons, asperges, broccoli, peultjes, paksoi en taugé in een gietijzeren koekenpan met een beetje olie.
b) Blijf de groenten koken tot ze zacht maar nog knapperig zijn, breng op smaak met zout en peper.
c) Haal van het fornuis en zet opzij.
d) Combineer de eieren, water, zout en kurkuma in een middelgrote mengkom.

e) Voeg in de gietijzeren koekenpan een beetje olie toe en verwarm het. Voeg dan de losgeklopte eieren toe. Kook, af en toe roerend, tot de eieren beginnen te stollen.

f) Terwijl de omelet verder kookt in de hete koekenpan, haal je hem van het vuur, bedek hem met de gekookte diverse groenten en vouw de omelet eroverheen.

g) Sprenkel de Thaise dressing over de salade en serveer de rest van de dressing erbij.

11. Thaise Thee Overnight Oats

Maakt: 4-5

INGREDIËNTEN:
- Zwarte theezakjes: 4
- 3 kopjes water
- Kardemom: ½ theelepel
- Steranijspeulen: 2
- Kurkuma: ½ theelepel
- Kokossuiker: ¼ kopje
- Volle kokosmelk of koffiecreamer: 1 kop
- Vanille-extract: ½ theelepel
- Limoensap: ½ limoen
- Snelkokende of gerolde haver: 3 kopjes
- Chiazaden: ¼ kopje

INSTRUCTIES:
a) Combineer in een grote mengkom de zwarte theezakjes, kardemom en optionele kurkuma en steranijs.
b) Giet bijna kokend water over de thee en laat 5 minuten trekken voordat u de theezakjes verwijdert.
c) Meng de kokossuiker door de thee. Meng de kokosmelk, het limoensap en het vanille-extract erdoor tot een gladde vloeistof ontstaat.
d) Meng in een kom de havermout en chiazaden en roer goed. Laat het mengsel 5 minuten indikken, proef dan de havermout en pas de zoetheid naar behoefte aan. Zet de havermout minimaal 4 uur in de koelkast, bij voorkeur een hele nacht.
e) Naar behoefte garneren en serveren.

12. Kurkuma Bloemkool Frittata

Maakt: 1

INGREDIËNTEN:
- 1 ei
- ¼ kopje bloemkoolrijst
- 1 eetlepel olijfolie
- ¼ theelepel kurkuma
- Peper
- Zout

INSTRUCTIES:
a) Voeg alle ingrediënten behalve olie toe aan de kom en meng goed om te combineren.
b) Verhit olie in een pan op middelhoog vuur.
c) Giet het mengsel in de hete oliepan en bak 3-4 minuten of tot het licht goudbruin is.

13. Tofu en boerenkool klauteren

Maakt: 2

INGREDIËNTEN:
- 2 kopjes boerenkool, gehakt
- 2 Eetlepels olijfolie
- 8 ons extra stevige tofu, uitgelekt en verkruimeld
- ¼ rode ui, dun gesneden
- ½ rode paprika, in dunne plakjes

SAUS
- Water
- ¼ Eetlepels kurkuma
- ½ Eetlepels zeezout
- ½ Eetlepel gemalen komijn
- ½ Eetlepels knoflookpoeder
- ¼ Eetlepels chilipoeder

VOOR SERVEREN
- Ontbijtaardappelen, of toast
- Salsa
- Koriander
- Hete saus

INSTRUCTIES:
SAUS
a) Combineer de droge kruiden in een schaal met voldoende water om een schenkbare saus te maken. Zet opzij.
b) Verhit olijfolie in een koekenpan en fruit ui en rode peper.
c) Roer de groenten erdoor en breng op smaak met een snufje zout en peper.
d) Kook gedurende 5 minuten, of tot ze zacht zijn.

e) Voeg boerenkool toe en dek af gedurende 2 minuten om te stomen.
f) Verplaats de groenten naar een kant van de pan en voeg de tofu toe.
g) Voeg na 2 minuten de saus toe en roer snel om de saus gelijkmatig te verdelen.
h) Laat nog 6 minuten koken, of tot de tofu lichtbruin is.
i) Serveer met ontbijtaardappelen of brood.

14. Met Bloemkool Gevulde Paratha

Maakt: 12

INGREDIËNTEN:
- 2 kopjes geraspte bloemkool
- 1 theelepel grof zeezout
- ½ theelepel garam masala
- ½ theelepel kurkumapoeder
- 1 portie Basis Roti Deeg

INSTRUCTIES:
a) Meng in een diepe kom de bloemkool, zout, garam masala en kurkuma.
b) Neem een portie ter grootte van een golfbal van het roti-deeg en rol het tussen je handpalmen.
c) Druk het plat in je handpalmen en rol het uit op een licht met bloem bestoven bord.
d) Leg een lepel bloemkoolvulling in het midden van het deeg.
e) Vouw alle kanten naar binnen zodat ze elkaar in het midden raken.
f) Bestuif het vierkant met droge bloem.
g) Rol het weer dun en rond uit.
h) Verhit een braadpan, voeg dan de parathas toe en kook gedurende 30 seconden, of tot ze stevig zijn.
i) Draai en kook gedurende 30 seconden.
j) Olie en bak tot beide kanten lichtbruin zijn.

15. Kurkuma Tofu Scramble

Maakt: 2 KOPJES

INGREDIËNTEN:
- 14-ounce pakket extra stevige biologische tofu, verkruimeld
- 1 eetlepel olie
- 1 theelepel komijnzaad
- ½ ui, gepeld en fijngehakt
- 1 stuk gemberwortel, geschild en geraspt
- 1 groene Thaise, serrano of cayennepeper, gehakt
- ½ theelepel kurkumapoeder
- ½ theelepel rode chilipoeder of cayennepeper
- ½ theelepel grof zeezout
- ½ theelepel zwart zout
- ¼ kopje verse koriander, fijngehakt

INSTRUCTIES:
a) Verhit de olie in een zware, platte pan op middelhoog vuur.
b) Voeg de komijn toe en kook 30 seconden, of tot de zaadjes sissen.
c) Voeg de ui, gemberwortel, chilipepers en kurkuma toe.
d) Kook en bruin gedurende 2 minuten, onder regelmatig roeren.
e) Meng de tofu er goed door.
f) Breng op smaak met rode chilipoeder, zeezout, zwart zout en koriander.
g) Combineer grondig.
h) Serveer met toast of gewikkeld in een hete roti of paratha.

16. <u>Kurkuma Goji-haver</u>

Maakt: 2 porties

INGREDIËNTEN:
- Snel gesneden babyhaver
- Goji bessen
- 1 eetlepel kurkuma
- Keltisch zeezout naar smaak
- Honing
- Volle melk of Amandelmelk
- Optioneel: zwarte sesamzaadjes of walnoten

INSTRUCTIES:
a) Laat 1 kopje snel gesneden babyhaver, kurkuma, gojibessen en zout een paar minuten sudderen in 3 kopjes water.
b) Voeg naar smaak honing en melk toe

SNACKS

17. <u>Kurkuma Cashewnoten</u>

Maakt: 4 Porties

INGREDIËNTEN:
- 2 kopjes rauwe cashewnoten
- ½ eetlepel geroosterde sesamolie, plus meer indien nodig
- ¼ theelepel fijnkorrelig zeezout, of naar smaak
- een half vel nori-zeewier van 20 x 20 cm
- 1½ theelepel sesamzaadjes
- ¼ theelepel cayennepeper
- ½ eetlepel gemalen kurkuma

INSTRUCTIES:
a) Gooi de cashewnoten met de sesamolie en zeezout en rooster ze in een oven van 350F gedurende 5-10 minuten, of tot ze goudbruin zijn, terwijl je ze een keer omschept. Haal het zeewier eruit en rooster het een paar minuten.

b) Laat het afkoelen en krokant worden en verkruimel het dan.

c) Combineer het zeewier, sesamzaad en cayennepeper in een vijzel en stamper en maal ze samen. Meng in een kom de cashewnoten met de sesamkruiden en kurkuma, ga ervoor.

18. Tandoori Tempeh Gehaktballetjes

Voor: 14 gehaktballetjes

INGREDIËNTEN
GEHAKTBAL
- ½ kleine rode ui, gesnipperd
- 8 ons tempeh, gehakt
- 3 teentjes knoflook, fijngehakt
- 1 eetlepel olie, verdeeld
- 3 eetlepels pure, ongezoete veganistische yoghurt
- ½ kopje paneermeel
- 1 theelepel fijn zeezout

TANDOORI KRUIDENMENG:
- 1½ theelepel paprikapoeder
- ½ theelepel koriander
- ½ theelepel gember
- ¼ theelepel komijn
- ¼ theelepel kardemom
- ¼ theelepel kurkuma
- ¼ theelepel garam masala
- ¼ theelepel cayennepeper

INSTRUCTIES
☑ Verwarm de oven voor op 375 graden F (190 C) en bekleed een bakplaat met bakpapier.

☑ Klop in een kleine kom de 8 ingrediënten van de kruidenmix door elkaar. Opzij zetten.

☑ Verwarm een grote sauteerpan voor op middelhoog vuur.

☑ Voeg 1 theelepel olie toe en bak de ui en tempeh 5 tot 7 minuten of tot de tempeh goudbruin is.

☑ Schuif tempeh en ui naar een kant van de pan en voeg de resterende 2 theelepels olie toe aan de andere kant van de pan.
☑ Voeg de knoflook en het kruidenmengsel direct toe aan de olie.
☑ Roer en combineer met de tempeh en ui.
☑ Roer regelmatig, kook gedurende 1 minuut en haal van het vuur.
☑ Doe het tempehmengsel in een keukenmachine.
☑ Puls 5 of 6 keer of tot het grotendeels gehakt en uniform is.
☑ Voeg de paneermeel, het zout en de yoghurt toe en verwerk tot alles goed gemengd is.
☑ Gebruik een lepel of een kleine koekjeslepel om gehaktballen te verdelen.
☑ Rol tussen de handpalmen en leg ze op een met bakpapier beklede bakplaat.
☑ Bak gedurende 25 tot 28 minuten en draai halverwege om.

19. Witte Bonen En Walnoot Pasteitjes

Voor: 4 pasteitjes

INGREDIËNTEN

- 1/4 kopje in blokjes gesneden ui
- 1 teentje knoflook, geplet
- 1 kopje walnootstukjes
- 1 kopje ingeblikte of gekookte witte bonen
- 1 kopje tarweglutenmeel
- 2 eetlepels gehakte verse peterselie
- 1 eetlepel sojasaus
- 1 theelepel Dijon-mosterd, plus meer om te serveren
- 1/2 theelepel zout
- 1/2 theelepel gemalen salie
- 1/2 theelepel zoete paprika
- 1/4 theelepel kurkuma
- 1/4 theelepel versgemalen zwarte peper
- 2 eetlepels olijfolie
- Slablaadjes en gesneden tomaten

INSTRUCTIES

☑ Combineer de ui, knoflook en walnoten in een keukenmachine en verwerk tot ze fijngemalen zijn.

☑ Kook de bonen in een koekenpan op het vuur, al roerend, gedurende 1 tot 2 minuten om al het vocht te verdampen.

☑ Voeg de bonen toe aan de keukenmachine samen met de bloem, peterselie, sojasaus, mosterd, zout, salie, paprika, kurkuma en peper.

☑ Verwerk tot het goed gemengd is. Vorm van het mengsel 4 gelijke burgers.

☑ Verhit de olie in een koekenpan oververhit.

☑ Voeg de pasteitjes toe en bak tot ze aan beide kanten bruin zijn, ongeveer 5 minuten per kant.

☑ Serveer met sla en gesneden tomaten.

20. Linzenhamburger Met Wortelen

Maakt: 4

INGREDIËNTEN:
- 6 ons linzen, gekookt
- 1 ei
- 2 ons wortel, geraspt
- 1 theelepel griesmeel
- ½ theelepel zout
- 1 theelepel kurkuma
- 1 eetlepel boter

INSTRUCTIES:
a) Breek het ei in de kom en klop het los.
b) Voeg de gekookte linzen toe en pureer het mengsel met behulp van de vork.
c) Bestrooi het mengsel vervolgens met de geraspte wortel, griesmeel, zout en kurkuma.
d) Mix het door elkaar en maak de medium burgers.
e) Doe de boter in de linzenburgers. Het zal ze sappig maken.
f) Verwarm de heteluchtfriteuse voor op 360 F.
g) Doe de linzenburgers in de airfryer en bak ze 12 minuten.
h) Draai de hamburgers na 6 minuten koken om naar een andere kant.
i) Koel vervolgens de gekookte linzenburgers en serveer ze.

21. Chaat Gekruide Kaas Tikka

Maakt: 4

INGREDIËNTEN:
- 1 eetlepel plantaardige olie
- ½ theelepel kurkumapoeder
- Tafelzout, naar smaak
- 2 kopjes Indiase kaas, in blokjes
- 1 kopje gewone yoghurt
- 1 theelepel Chaat Kruidenmix
- 1 theelepel Warme Kruidenmix
- 1 eetlepel plantaardige olie
- ¼ theelepel komijnpoeder
- 1 theelepel gember-knoflookpasta
- 1 ui, in vieren gesneden en lagen gescheiden

INSTRUCTIES:
a) Combineer de yoghurt, plantaardige olie, kurkumapoeder, kruidenmix, komijnpoeder, gember-knoflookpasta en zout in een mengkom.

b) Voeg de Indiase kaas en uien toe aan de marinade, dek af en zet 1 uur opzij.

c) Verwarm de oven voor om te braden.

d) Prik afwisselend de kaas en uien op spiesjes.

e) Rooster 7 minuten, één keer keren en één keer bedruipen met olie.

22. Paneer Bhurji-sandwich

Maakt: 2 Porties

INGREDIËNTEN
- ½ theelepel groene pepers, gehakt
- 1½ eetlepel verse koriander, gehakt
- 4 Sneetjes Brood
- ½ kopje kwark
- 2 eetlepels Tomaten
- ¼ theelepel peperpoeder
- Een snufje kurkumapoeder
- ¼ theelepel komijnzaad
- Zout
- 1½ theelepel Geklaarde Boter

INSTRUCTIES
a) Verhit ghee of olie in een pan en voeg komijnzaad toe.
b) Wanneer de zaadjes beginnen te knetteren, voeg je de groene pepers toe en roer je.
c) Roer de gehakte tomaat een paar seconden erdoor, of tot het zacht wordt.
d) Meng de kurkuma en paneer erdoor.
e) Roer het peperpoeder en zout erdoor en roer een paar seconden.
f) Meng de gehakte koriander in de pan.
g) Smeer boter aan één kant van elk brood.
h) Leg een sneetje op de grill en verdeel de helft van de paneervulling erover.
i) Bedek met een ander stuk brood, met de boter naar boven, en gril tot het goudbruin is.
j) Haal van de grill en snijd in twee stukken.

23. Kurkuma Zoete Aardappel Pasteitjes

Voor: 10 pasteitjes

INGREDIËNTEN:
- ½ kopje gram bloem
- 1 zoete aardappel, geschild en in blokjes gesneden
- ½ gele of rode ui, gepeld en fijngesneden
- 1 eetlepel citroensap
- Gehakte verse peterselie of koriander, voor garnering
- 1 theelepel kurkumapoeder
- 1 theelepel gemalen koriander
- 1 theelepel garam masala
- 3 eetlepels olie, verdeeld
- 1 stuk gemberwortel, geschild en geraspt of gehakt
- 1 theelepel komijnzaad
- 1 theelepel rode chilipoeder of cayennepeper
- 1 kopje erwten, vers of diepvries
- 1 groene Thaise, serrano of cayennepeper, gehakt
- 1 theelepel grof zeezout

INSTRUCTIES:
a)   Stoom de aardappel 7 minuten, of tot hij zacht is.
b)   Hak het voorzichtig fijn met een aardappelstamper.
c)   Verhit 2 eetlepels olie in een ondiepe koekenpan op middelhoog vuur.
d)   Voeg de komijn toe en kook gedurende 30 seconden, of tot het sist.
e)   Voeg de ui, gemberwortel, kurkuma, koriander, garam masala en rode chilipoeder toe.
f)   Kook nog 3 minuten, of tot ze zacht zijn.
g)   Laat het mengsel afkoelen.

h) Zodra het mengsel is afgekoeld, voeg je het toe aan de aardappelen, samen met de erwten, groene chilipepers, zout, grammeel en citroensap.
i) Meng grondig met je handen.
j) Vorm van het mengsel burgers en leg ze op een bakplaat.
k) Verhit de resterende 1 eetlepel olie in een zware pan op middelhoog vuur.
l) Bak de pasteitjes in porties gedurende 3 minuten per kant.
m) Serveer, gegarneerd met verse peterselie of koriander.

24. Geroosterde Kurkuma Aubergine Dip

Maakt: 5 KOPJES

INGREDIËNTEN:
- 1 gele of rode ui, gepeld en in blokjes gesneden
- 1 theelepel kurkumapoeder
- 1 theelepel rode chilipoeder of cayennepeper
- 2 eetlepels olie
- 1 theelepel gemalen koriander
- 1 eetlepel grof zeezout
- 1 stuk gemberwortel, geschild en geraspt of gehakt
- 3 aubergines met schil
- 1 theelepel komijnzaad
- 8 teentjes knoflook, gepeld en geraspt of gehakt
- 2 tomaten, geschild en in blokjes
- 3 groene Thaise, serrano of cayennepepers, gehakt

INSTRUCTIES:
a) Verwarm de vleeskuikens voor op 500 graden Fahrenheit.
b) Prik met een vork gaatjes in de aubergine en leg ze op een bakplaat.
c) Breng aan de kook gedurende 30 minuten, één keer keren.
d) Zet minimaal 15 minuten opzij om af te koelen.
e) Snijd de aubergine in de lengte door en trek hem iets open.
f) Schep het geroosterde vruchtvlees uit de binnenkant van de aubergine en doe het in een kom.
g) Verhit de olie in een diepe, zware pan op middelhoog vuur.

h)   Voeg de komijn toe en kook gedurende 30 seconden, of tot het sist.
i)   Voeg de koriander en kurkuma toe. Kook gedurende 30 seconden na het mixen.
j)   Bak 2 minuten mee met de ui.
k)   Laat nog 2 minuten koken nadat je de gemberwortel en knoflook hebt toegevoegd.
l)   Voeg de tomaten en chilipepers toe.
m)   Laat nog 5 minuten koken na het toevoegen van het vruchtvlees van de geroosterde aubergines.
n)   Voeg het zout en het rode chilipoeder toe.
o)   Mix dit mengsel met een staafmixer.
p)   Serveer met geroosterde naanplakjes, crackers of tortillachips.

25. Pittige Garnalenbeignets

Maakt: 4

INGREDIËNTEN:
- 1 eetlepel gehakte verse knoflookteentjes
- Tafelzout, naar smaak
- 1 eetlepel vers citroensap
- Garnaal van 1 pond, staart eraan, ontdaan en gevlinderd
- 1 theelepel kurkumapoeder
- 2 eieren, losgeklopt
- 2 eetlepels bloem voor alle doeleinden
- 1 theelepel rode chilipoeder
- 1 Serrano groene chilipeper, zonder zaadjes en fijngehakt
- 1 eetlepel geraspte verse gemberwortel
- Plantaardige olie om te frituren

INSTRUCTIES:
a) Combineer de kurkuma, rode chilipoeder, groene chili, gember, knoflook, citroensap en zout in een ondiepe kom; Meng goed.
b) Klop de eieren los in een apart schaaltje.
c) Vul een ondiepe schaal voor de helft met bloem.
d) Haal elke garnaal door het kruidenmengsel, dan door het ei en dan door de bloem.
e) Verhit de plantaardige olie in een friteuse tot 350°.
f) Frituur de garnalen in porties goudbruin.

26. Portugese Garnalenrolletjes

Maakt: 4

INGREDIËNTEN:
- 2 aardappelen, geschild, in blokjes gesneden en gekookt
- 1 pond garnalen, gepeld en ontdarmd
- ½ kopje water
- 1 kopje verse broodkruimels
- 1 theelepel gehakte knoflook
- Plantaardige olie om te frituren
- 2 Serrano groene chilipepers, zonder zaadjes en fijngehakt
- ½ theelepel kurkumapoeder
- 2 eieren, losgeklopt
- Tafelzout, naar smaak

INSTRUCTIES:
a) Combineer de garnalen, kurkumapoeder, zout en water in een grote pan.
b) Laat sudderen tot de garnalen glazig worden.
c) Haal de garnalen uit het water en leg ze opzij.
d) Hak de garnalen grof en pureer de aardappelen.
e) Combineer de garnalen, aardappelen, groene pepers en knoflook in een mengkom; vorm er balletjes van.
f) Verhit de plantaardige olie in een friteuse tot 350°.
g) Doe de eieren in een ondiepe kom en de paneermeel in een andere.
h) Doop elke garnaalrol in de eieren en rol dan lichtjes in de paneermeel.
i) Bak tot ze goudbruin zijn.
j) Haal met een schuimspaan uit de olie en laat uitlekken op keukenpapier.

27. Hakka Spice-popcorn

INGREDIËNTEN:

- Kruidenmix
- 2 eetlepels plantaardige olie
- ½ kopje popcornpitten
- Kosjer zout

INSTRUCTIES:

a) Combineer je kruiden in een kleine sauteerpan of koekenpan; steranijszaad, kardemomzaad, kruidnagel, peperkorrels, korianderzaad en venkelzaad. Rooster de kruiden 5 tot 6 minuten.

b) Haal de pan van het vuur en doe de kruiden in een vijzel en stamper of kruidenmolen. Maal de kruiden tot een fijn poeder en doe ze in een kleine kom.

c) Voeg de gemalen kaneel, gember, kurkuma en cayennepeper toe en roer om te combineren. Opzij zetten.

d) Verhit een wok op middelhoog vuur tot hij net begint te roken. Giet de plantaardige olie en ghee erbij en roer om de wok te bedekken. Voeg 2 popcornpitten toe aan de wok en dek af. Zodra ze knappen, voeg je de rest van de korrels toe en dek je ze af. Schud constant totdat het ploffen stopt.

e) Breng de popcorn over in een grote papieren zak. Voeg 2 flinke snufjes koosjer zout toe en 1½ eetlepel van het kruidenmengsel. Vouw de zak dicht en schudden maar!

GROENTE HOOFDGERECHTEN

28. Geraspte Masala Pompoen

Maakt: 4 kopjes

INGREDIËNTEN:
- 2 eetlepels olie
- 2 theelepels komijnzaad
- 2 theelepels gemalen koriander
- 1 theelepel kurkumapoeder
- 1 grote pompoen of pompoen, geschild en geraspt
- 1 stuk gemberwortel, geschild en in luciferhoutjes gesneden
- 1 theelepel grof zeezout
- 2 eetlepels water Sap van 1 citroen
- 2 eetlepels gehakte verse koriander

INSTRUCTIES:
a) Verhit de olie in een diepe, zware pan op middelhoog vuur.
b) Voeg de komijn, koriander en kurkuma toe. Kook tot de zaden sissen, ongeveer 30 seconden.
c) Voeg de pompoen, gemberwortel, zout en water toe. Laat 2 minuten koken en meng goed.
d) Bedek de pan en zet het vuur laag tot medium laag. Kook gedurende 8 minuten.
e) Voeg het citroensap en de koriander toe. Serveer met roti of naan, of doe wat ik doe, en serveer op een geroosterde Engelse muffin met daarop dun gesneden ringen van gele of rode ui.

29. Gehaktballen van witte bonen en walnoten

Voor: 4 Gehaktballetjes

INGREDIËNTEN
- ¼ kopje in blokjes gesneden ui
- 1 teentje knoflook, geplet
- 1 kopje walnootstukjes
- 1 kopje ingeblikte of gekookte witte bonen
- 1 kopje tarweglutenmeel
- 2 eetlepels gehakte verse peterselie
- 1 eetlepel sojasaus
- 1 theelepel Dijon-mosterd, plus meer om te serveren
- ½ theelepel zout
- ½ theelepel gemalen salie
- ½ theelepel zoete paprika
- ¼ theelepel kurkuma
- ¼ theelepel versgemalen zwarte peper
- 2 eetlepels olijfolie

INSTRUCTIES
a) Combineer de ui, knoflook en walnoten in een keukenmachine en verwerk tot ze fijngemalen zijn.
b) Kook de bonen in een koekenpan op het vuur, al roerend, gedurende 1 tot 2 minuten om al het vocht te verdampen.
c) Voeg de bonen toe aan de keukenmachine samen met de bloem, peterselie, sojasaus, mosterd, zout, salie, paprika, kurkuma en peper.
d) Verwerk tot het goed gemengd is. Vorm van het mengsel 4 gelijke gehaktballetjes.
e) Verhit de olie in een koekenpan op matig vuur.
f) Voeg de gehaktballetjes toe en bak tot ze aan beide kanten bruin zijn, ongeveer 5 minuten per kant.

30. Marokkaanse Yam Veggie Gehaktballetjes

Voor: 6-8 Gehaktballen

INGREDIËNTEN

- 1½ kopjes geschilde en geraspte yam
- 2 teentjes knoflook, gepeld
- ¾ kopje verse korianderblaadjes
- 1 stuk verse gember, geschild
- 15-ounce blik kikkererwten, uitgelekt en afgespoeld
- 2 eetlepels gemalen vlas gemengd met 3 eetlepels water
- ¾ kopje gerolde haver, vermalen tot meel
- ½ eetlepel sesamolie
- 1 eetlepel coconut aminos of natriumarme tamari
- ½ theelepel fijnkorrelig zeezout of roze Himalayazout, naar smaak
- Versgemalen zwarte peper, naar smaak
- 1½ theelepel chilipoeder
- 1 theelepel komijn
- ½ theelepel koriander
- ¼ theelepel kaneel
- ¼ theelepel kurkuma
- ½ kopje koriander-limoen tahinsaus

INSTRUCTIES

a) Verwarm de oven voor op 350F.
b) Bekleed een bakplaat met een stuk bakpapier.
c) Hak de knoflook, koriander en gember tot fijngehakt.
d) Voeg uitgelekte kikkererwten toe en verwerk opnieuw tot ze fijngehakt zijn, maar laat wat textuur achter. Schep dit mengsel in een kom.
e) Roer in een kom het mengsel van vlas en water door elkaar.
f) Maal de havermout tot meel met behulp van een blender of keukenmachine.
g) Roer dit samen met het vlasmengsel door het mengsel.
h) Roer nu de olie, aminos/tamari, zout/peper en kruiden erdoor tot alles goed gemengd is. Pas indien gewenst aan naar smaak.
i) Vorm 6-8 gehaktballetjes en druk het mengsel stevig op elkaar. Op bakplaat leggen.
j) Bak gedurende 15 minuten, draai dan voorzichtig om en bak nog eens 18-23 minuten tot ze goudbruin en stevig zijn. Koel op de pan.

31. Enoki Paddenstoel Masala

Maakt: 4

INGREDIËNTEN:
- 1 pond enoki-paddenstoelen (ongeveer 4 clusters)
- 1 groene paprika, in blokjes
- 1 grote ui, in blokjes
- 4 teentjes knoflook, fijngehakt
- 1-inch stuk gember, geraspt
- 1 Spaanse peper, fijngesneden
- 1 blik tomatenblokjes
- 1 theelepel suiker
- 1 eetlepel boter of ghee
- Verse koriander, grof gehakt
- Voor de kerriepoeder
- 1 theelepel komijnzaad
- 1 theelepel korianderzaad
- 3 kardemompeulen
- Kaneelstokje van 1 inch
- $\frac{1}{2}$ theelepel zwarte peperkorrels
- 1 theelepel gemalen chilipoeder
- 1 theelepel gemalen kurkuma

INSTRUCTIES:
a) Om het kerriepoeder te maken, doe je het komijnzaad, korianderzaad, kardemompeulen, kaneelstokje en peperkorrels in een droge koekenpan op laag tot middelhoog vuur. Rooster lichtjes tot ze geurig zijn, maar laat ze niet verbranden, anders worden ze bitter. Als het geurig is, breng het dan over naar een keukenmachine of stamper en vijzel en maal/blitz tot een fijn poeder. Roer dan de chili en kurkuma erdoor.

b) Bereid de rijst die u gebruikt volgens de instructies op de verpakking,

c) Verhit een pan met platte bodem op middelhoog vuur en voeg de boter of ghee toe. Voeg als het gesmolten is de in blokjes gesneden ui toe. Kook tot ze zacht en geurig zijn, bij voorkeur met een snufje zout. Voeg dan de knoflook, gember en paprika toe en bak nog een minuutje mee.

d) Doe de kruidenpoeder erbij en bak nog een minuutje mee. Voeg een scheutje water toe als het aan de bodem blijft plakken.

e) Voeg het blik tomatenblokjes toe, vul het blik tot de helft met water en voeg toe aan de pan. Roer de suiker en de champignons erdoor, breng aan de kook, laat sudderen en kook gedurende dertig minuten of tot de saus is ingedikt.

f) Serveer bovenop de rijst en bestrooi de curry met de verse koriander.

32. Gekruide Tofu, En Tomaten

Maakt: 4 KOPJES

INGREDIËNTEN:
- 2 eetlepels olie
- 1 eetlepel komijnzaad
- 1 theelepel kurkumapoeder
- 1 rode of gele ui, gepeld en fijngehakt
- 1 stuk gemberwortel, geschild en geraspt of gehakt
- 6 teentjes knoflook, gepeld en geraspt of gehakt
- 2 tomaten, geschild en in stukjes gesneden
- 4 groene Thaise, serrano of cayennepepers, gehakt
- 1 eetlepel tomatenpuree
- Twee 14-ounce pakketten extra stevige biologische tofu, gebakken en in blokjes gesneden
- 1 eetlepel garam masala
- 1 eetlepel gedroogde fenegriekblaadjes, licht geplet met de hand om hun smaak vrij te maken
- 1 kopje water
- 2 theelepels grof zeezout
- 1 theelepel rode chilipoeder of cayennepeper
- 2 groene paprika's, ontpit en in blokjes gesneden

INSTRUCTIES:

a) Verhit de olie in een zware pan op middelhoog vuur.
b) Voeg de komijn en kurkuma toe.
c) Kook gedurende 30 seconden, of tot de zaden sissen.
d) Voeg de ui, gemberwortel en knoflook toe.
e) Kook, af en toe roerend, gedurende 2 tot 3 minuten, of tot ze lichtbruin zijn.
f) Voeg de tomaten, chilipepers, tomatenpuree, garam masala, fenegriek, water, zout en rode chilipoeder toe.
g) Sudderen, onafgedekt, gedurende 8 minuten.
h) Bak nog 2 minuten na het toevoegen van de paprika's.
i) Spatel de tofu er voorzichtig door.
j) Kook nog 2 minuten, of tot het goed is opgewarmd.

33. Komijn Aardappelhasj

Maakt: 4 KOPJES

INGREDIËNTEN:
- 1 eetlepel komijnzaad
- 1 eetlepel olie
- ½ theelepel mangopoeder
- 1 groene Thaise, serrano of cayennepeper, stengels verwijderd, in dunne plakjes gesneden
- ¼ kopje gehakte verse koriander, fijngehakt
- 1 ui, gepeld en in blokjes gesneden
- ½ theelepel asafetida
- ½ theelepel kurkumapoeder
- 1 stuk gemberwortel, geschild en geraspt of gehakt
- Sap van ½ citroen
- 3 gekookte aardappelen, geschild en in blokjes
- 1 theelepel grof zeezout

INSTRUCTIES:
a) Verhit de olie in een diepe, zware pan op middelhoog vuur.
b) Voeg de komijn, asafetida, kurkuma en mangopoeder toe.
c) Kook gedurende 30 seconden, of tot de zaden sissen.
d) Voeg de ui en gemberwortel toe en kook nog een minuut, onder voortdurend roeren om plakken te voorkomen.
e) Voeg de aardappelen en het zout toe.
f) Kook tot de aardappelen goed zijn opgewarmd.
g) Garneer met chilipepers, koriander en citroensap erover.

34. Mosterdzaad Aardappelhasj

Maakt: 4 KOPJES

INGREDIËNTEN:
- 1 eetlepel olie
- 1 gele of rode ui, gepeld en in blokjes gesneden
- 3 gekookte aardappelen, geschild en in blokjes
- 1 theelepel kurkumapoeder
- 1 groene Thaise, serrano of cayennepeper, stengels verwijderd, dun gesneden
- 1 theelepel zwarte mosterdzaadjes
- 1 eetlepel split gram, geweekt in kokend water
- 10 kerrieblaadjes, grof gehakt
- 1 theelepel grof wit zout

INSTRUCTIES:
a) Verhit de olie in een diepe, zware pan op middelhoog vuur.

b) Voeg de kurkuma, mosterd, kerrieblaadjes en uitgelekte split gram toe.

c) Kook gedurende 30 seconden, onder voortdurend roeren om plakken te voorkomen.

d) Roer de ui erdoor.

e) Kook gedurende 2 minuten, of tot ze lichtbruin zijn.

f) Voeg de aardappelen, het zout en de chilipepers toe.

g) Kook nog 2 minuten.

h) Serveer met roti of naan of gerold in een besan poora of dosa.

35. Kurkuma Kool

Maakt: 7 KOPJES

INGREDIËNTEN:
- 1 eetlepel komijnzaad
- 1 theelepel kurkumapoeder
- 1 kopje erwten, vers of diepvries
- 1 aardappel, geschild en in blokjes
- 1 theelepel gemalen koriander
- 1 theelepel gemalen komijn
- ½ gele of rode ui, gepeld en in blokjes gesneden
- 3 eetlepels olie
- 1 stuk gemberwortel, geschild en geraspt of gehakt
- 6 teentjes knoflook, gepeld en fijngehakt
- 1-kops witte kool, fijngesneden
- ½ theelepel rode chilipoeder of cayennepeper
- 1½ theelepel zeezout
- 1 groene Thaise, serrano of cayennepeper, steel verwijderd, fijngehakt
- 1 theelepel gemalen zwarte peper

INSTRUCTIES:
a) Meng alle ingrediënten en laat 4 uur sudderen.

36. Snijbonen Met Aardappelen

Maakt: 5 KOPJES

INGREDIËNTEN:
- 1 theelepel komijnzaad
- 1 aardappel, geschild en in blokjes
- $\frac{1}{4}$ kopje water
- $\frac{1}{2}$ theelepel kurkumapoeder
- 1 rode of gele ui, gepeld en in blokjes gesneden
- 1 stuk gemberwortel, geschild en geraspt of gehakt
- 3 teentjes knoflook, gepeld en geraspt of gehakt
- 4 kopjes gehakte snijbonen
- 1 eetlepel olie
- 1 Thaise, serrano of cayennepeper, gehakt
- 1 theelepel grof zeezout
- 1 theelepel rode chilipoeder of cayennepeper

INSTRUCTIES:
a) Verhit de olie in een zware, diepe pan op middelhoog vuur.
b) Voeg de komijn en kurkuma toe en kook 30 seconden, of tot de zaadjes sissen.
c) Voeg de ui, gemberwortel en knoflook toe.
d) Kook gedurende 2 minuten, of tot ze lichtbruin zijn.
e) Voeg de aardappel toe en kook, onder voortdurend roeren, nog 2 minuten.
f) Voeg water toe om plakken te voorkomen.
g) Meng de sperziebonen erdoor.
h) Kook, af en toe roerend, gedurende 2 minuten.
i) Voeg de chilipepers, het zout en het rode chilipoeder toe aan een mengkom.
j) Laat 15 minuten sudderen, afgedekt, tot de bonen en aardappel zacht zijn.

37. Aubergine Met Aardappelen

Maakt: 6 KOPJES

INGREDIËNTEN:
- 2 eetlepels olie
- ½ theelepel asafetida
- 2 theelepels grof zeezout
- 1 tomaat, grof gehakt
- 4 aubergines met schil, grof gehakt, inclusief houtachtige uiteinden
- 1 eetlepel gemalen koriander
- 2 Thaise, serrano- of cayennepepers, gehakt
- 1 theelepel komijnzaad
- ½ theelepel kurkumapoeder
- 1 stuk gemberwortel, geschild en in lange luciferhoutjes gesneden
- 4 teentjes knoflook, gepeld en grof gehakt
- 1 eetlepel garam masala
- 1 aardappel, gekookt, geschild en grof gehakt
- 1 ui, gepeld en grof gesneden
- 1 theelepel rode chilipoeder of cayennepeper
- 2 eetlepels gehakte verse koriander, voor garnering

INSTRUCTIES:

a) Verhit de olie in een diepe, zware pan op middelhoog vuur.

b) Voeg de asafetida, komijn en kurkuma toe.

c) Kook gedurende 30 seconden, of tot de zaden sissen.

d) Voeg de gemberwortel en knoflook toe.

e) Bak nog 2 minuten, of tot de uien en chilipepers lichtbruin zijn.

f) Laat 2 minuten koken nadat je de tomaat hebt toegevoegd.

g) Roer de aubergine en aardappel erdoor.

h) Voeg het zout, garam masala, koriander en rode chilipoeder toe.

i) Laat nog 10 minuten sudderen.

j) Serveer met roti of naan en garneer met koriander.

38. Met Cashew Gevulde Baby Aubergine

Voor: 20 baby-aubergines

INGREDIËNTEN:
- ½ kopje rauwe cashewnoten, geweekt
- 20 baby-aubergines, geweekt en ontpit
- 2 eetlepels olie, verdeeld
- 1 theelepel komijnzaad
- 1 theelepel korianderzaad
- 1 eetlepel sesamzaadjes
- ½ theelepel zwarte mosterdzaadjes
- ½ theelepel venkelzaad
- ¼ theelepel fenegriekzaden
- 1 gele of rode ui, gepeld en in blokjes gesneden
- 1 stuk gemberwortel, geschild en geraspt of gehakt
- 4 teentjes knoflook, gepeld en grof gehakt
- 2 Thaise, serrano- of cayennepepers, gehakt
- 1 theelepel kurkumapoeder
- 1 theelepel geraspte jaggery
- 2 theelepels garam masala
- 1 eetlepel grof zeezout
- 1 theelepel rode chilipoeder of cayennepeper
- 1 kopje water, verdeeld
- 2 eetlepels gehakte verse koriander, voor garnering

INSTRUCTIES:
a) Verhit 1 eetlepel olie in een zware pan op middelhoog vuur.
b) Voeg de komijn-, koriander-, sesam-, mosterd-, venkel- en fenegriekzaadjes toe.
c) Kook gedurende 30 seconden, of tot de zaden een beetje springen.

d) Voeg de ui, gemberwortel, knoflook en chilipepers toe.
e) Bak gedurende 2 minuten, of tot de ui bruin is.
f) Voeg de kurkuma, rietsuiker, garam masala, zout, rode chilipoeder en uitgelekte cashewnoten toe.
g) Kook nog 2 minuten, of tot alles goed gemengd is.
h) Doe het mengsel in een keukenmachine met water en maal tot een gladde massa.
i) Schep ongeveer 1 eetlepel van het mengsel in de kern van de aubergine.
j) Verhit de resterende 1 eetlepel olie in een diepe pan op middelhoog vuur.
k) Voeg de aubergines voorzichtig een voor een toe.
l) Voeg voldoende water en de overgebleven masala toe.
m) Dek de pan af en laat 20 minuten sudderen, af en toe zachtjes roeren.
n) Garneer met koriander.

39. Fenegriek-Spinazie Aardappelen

Maakt: 3 KOPJES

INGREDIËNTEN:
a) 2 eetlepels olie
b) 1 theelepel grof zeezout
c) ½ theelepel kurkumapoeder
d) 12-ounce pakket bevroren spinazie
e) ¼ theelepel rode chilipoeder of cayennepeper
f) ¼ kopje water
g) 1 theelepel komijnzaad
h) 1½ kopjes gedroogde fenegriekbladeren
i) 1 aardappel, geschild en in blokjes

INSTRUCTIES:
a) Verhit de olie in een zware pan op middelhoog vuur.
b) Voeg de komijn toe en kook 30 seconden, of tot de zaadjes sissen.
c) Laat 5 minuten sudderen nadat je de spinazie hebt toegevoegd.
d) Voeg de fenegriekblaadjes toe, meng voorzichtig en kook nog eens 5 minuten.
e) Voeg de aardappel, zout, kurkuma, rode chilipoeder en water toe.
f) Plaats het deksel terug en laat nog 10 minuten koken.

40. Knetterende Kurkuma Okra

Maakt: 4 KOPJES
INGREDIËNTEN:
- 2 eetlepels olie
- 1 theelepel komijnzaad
- 1 theelepel kurkumapoeder
- 1 gele of rode ui, gepeld en zeer grof gesneden
- 1 stuk gemberwortel, geschild en geraspt of gehakt
- 3 teentjes knoflook, gepeld en gehakt, fijngehakt of geraspt
- 2 pond okra, gewassen, gedroogd, getrimd en gesneden
- 1 Thaise, serrano of cayennepeper, gehakt
- ½ theelepel mangopoeder
- 1 theelepel rode chilipoeder of cayennepeper
- 1 theelepel garam masala
- 2 theelepels grof zeezout

INSTRUCTIES:

a) Verhit de olie in een diepe, zware pan op middelhoog vuur.
b) Voeg de komijn en kurkuma toe.
c) Kook gedurende 30 seconden, of tot de zaden beginnen te sissen.
d) Voeg de ui toe en bak 3 minuten, of tot ze bruin zijn.
e) Voeg de gemberwortel en knoflook toe en bak 1 minuut, af en toe roerend.
f) Voeg de okra toe en kook 2 minuten, of tot het een felgroene kleur krijgt.
g) Voeg de chilipepers, mangopoeder, rode chilipoeder, garam masala en zout toe.
h) Kook, af en toe roerend, gedurende 2 minuten.
i) Laat sudderen, af en toe roeren, gedurende 7 minuten.
j) Zet het vuur uit en pas het deksel aan om de pan volledig te bedekken.
k) Laat het 5 minuten staan om alle smaken op te nemen.
l) Serveer gegarneerd met koriander.

41. Mung Bonen En Rijst Met Groenten

Maakt: 4 Porties

INGREDIËNTEN:
- 4 ½ kopjes water
- ½ kopje hele mungbonen, afgespoeld
- ½ kopje basmatirijst, afgespoeld
- 1 ui, gesnipperd en 3 teentjes knoflook, fijngehakt
- ¾ kopje fijngehakte gemberwortel
- 3 kopjes gehakte groenten
- 2 eetlepels ghee of olie
- ¾ eetlepel kurkuma
- ¼ theelepel gedroogde geplette rode pepers
- ¼ theelepel gemalen zwarte peper
- ½ theelepel koriander
- ½ theelepel komijn
- ½ theelepel zout

INSTRUCTIES:
a) Kook de mungbonen in kokend water tot ze beginnen te splijten.
b) Kook nog 15 minuten, af en toe roerend, na het toevoegen van de rijst.
c) Voeg de groenten toe.
d) Verhit de ghee/olie in een sauteerpan en fruit de uien, knoflook en gember tot ze glazig zijn.
e) Voeg de kruiden toe en blijf 5 minuten koken, onder voortdurend roeren.
f) Combineer met de gekookte rijst en bonen.

42. Kurkuma Spinazie Met "Paneer"

Maakt: 10 KOPJES

INGREDIËNTEN:
- 2 eetlepels olie
- 1 eetlepel komijnzaad
- 1 theelepel kurkumapoeder
- 1 gele of rode ui, gepeld en in blokjes gesneden
- 1 stuk gemberwortel, geschild en geraspt of gehakt
- 6 teentjes knoflook, gepeld en geraspt of gehakt
- 2 tomaten, in stukjes
- 1 Thaise, serrano of cayennepeper, gehakt
- 2 eetlepels tomatenpuree
- 1 kopje water
- 1 eetlepel gemalen koriander
- 1 eetlepel garam masala
- 2 theelepels grof zeezout
- 12 kopjes gehakte verse spinazie
- 14-ounce pakket extra stevige, biologische tofu, gebakken en in blokjes gesneden

INSTRUCTIES:

a) Verhit de olie in een grote, zware pan op middelhoog vuur.

b) Voeg de komijn en kurkuma toe en kook 30 seconden.

c) Voeg de ui toe en bak 3 minuten.

d) Voeg de gemberwortel en knoflook toe; kook gedurende 2 minuten.

e) Voeg de tomaten, chilipepers, tomatenpuree, water, koriander, garam masala en zout toe.

f) Zet het vuur laag en laat nog 5 minuten koken.

g) Voeg de spinazie toe en kook 7 minuten, of tot het geslonken is.

h) Mix met behulp van een staafmixer.

i) Voeg de tofu toe en bak nog 3 minuten.

43. Ei gebakken rijst

INGREDIËNTEN:

- 5 kopjes gekookte rijst
- 5 grote eieren (verdeeld)
- 2 eetlepels water
- ¼ theelepel paprikapoeder
- ¼ theelepel kurkuma
- 3 eetlepels olie (verdeeld)
- 1 middelgrote ui, fijngehakt
- ½ rode paprika, fijngehakt
- ½ kopje diepvrieserwten, ontdooid
- 1½ theelepel zout
- ¼ theelepel suiker
- ¼ theelepel zwarte peper
- 2 lente-uitjes, fijngehakt

INSTRUCTIES:

a) Gebruik een vork om de rijst los te maken en uit elkaar te halen. Als je vers gekookte rijst gebruikt, laat deze dan onafgedekt op het aanrecht staan totdat hij stopt met stomen voordat je hem losmaakt.

b) Klop 3 eieren los in een kom. Klop de andere 2 eieren los in een andere kom, samen met 2 eetlepels water, de paprika en de kurkuma. Zet deze twee kommen opzij.

c) Verhit een wok op middelhoog vuur en voeg 2 eetlepels olie toe. Voeg de 3 losgeklopte eieren (zonder de kruiden) toe en roer ze door elkaar. Haal ze uit de wok en zet opzij.

d) Verhit de wok op hoog vuur en voeg de laatste eetlepel olie toe. Voeg de in blokjes gesneden ui en paprika toe. Roerbak 1-2 minuten. Voeg vervolgens de rijst toe en roerbak 2 minuten met een scheppende beweging om de rijst gelijkmatig te verwarmen. Gebruik je wokspatel om rijstklontjes plat te maken en te breken.

e) Giet vervolgens het resterende ongekookte ei en kruidenmengsel over de rijst en roerbak ongeveer 1 minuut, tot alle rijstkorrels bedekt zijn met ei.

f) Voeg de doperwten toe en roerbak nog een minuut onafgebroken. Verdeel vervolgens het zout, de suiker en de zwarte peper over de rijst en meng. Je zou nu wat stoom van de rijst moeten zien komen, wat betekent dat hij door en door verhit is.

VIS EN ZEEVRUCHTEN

44. Kabeljauw in tomatensaus

Maakt: 5

INGREDIËNTEN:
- 2 eetlepels olijfolie
- 3 eetlepels tomatenpuree
- 1 theelepel gedroogde dille wiet
- 2 theelepels sumak
- 2 theelepels gemalen koriander
- 1½ theelepel gemalen komijn
- 1 theelepel kurkumapoeder
- 1 zoete ui, in blokjes gesneden
- 8 teentjes knoflook, geperst
- 2 jalapeñopepers, fijngehakt
- 2 eetlepels limoensap
- 5 middelgrote tomaten, gehakt
- ½ kopje water
- 5 kabeljauwfilets
- Snufje Zout
- Snuf gemalen zwarte peper

INSTRUCTIES:

a) Voor de kruidenmix: Doe de dille en kruiden in een kom en meng goed.

b) Verhit de olie in een wok en fruit de ui ongeveer 2 minuten.

c) Bak ongeveer 2 minuten met de knoflook en jalapeño.

d) Roer de tomaten, tomatenpuree, limoensap, water, de helft van het kruidenmengsel, zout en peper erdoor en breng aan de kook.

e) Kook, afgedekt, ongeveer 10 minuten op middelhoog vuur, onder af en toe roeren.

f) Kruid de kabeljauwfilets gelijkmatig met de overige kruidenmix, zout en peper.

g) Leg de visfilets in de wok en druk lichtjes in het tomatenmengsel.

h) Zet het vuur op middelhoog en kook ongeveer 2 minuten.

i) Laat ongeveer 15 minuten sudderen, afgedekt

45. Gouden vis

Maakt: 2 Porties

INGREDIËNTEN:
- 1 theelepel kurkuma
- 1 eetlepel extra vierge olijfolie
- 1 gele ui, in plakjes
- 2 teentjes knoflook
- 4 in het wild gevangen kabeljauw uit Alaska
- Sap van 2 citroenen

INSTRUCTIES:
a) Verhit de olie in een koekenpan op middelhoog vuur.
b) Voeg de knoflook toe en bak tot het goudbruin begint te worden.
c) Voeg de ui toe en bak tot deze glazig is.
d) Knijp citroensap over de vis en garneer met kurkuma.
e) Bak de vis 5 minuten per kant.
f) Dienen.

46. Chili Sint Jacobsschelpen In Kokosmelk

Maakt: 4

INGREDIËNTEN:
- 8 verse kerrieblaadjes
- Zeeschelpen van 1 pond
- ½ theelepel mosterdzaad
- 2 theelepels gember-knoflookpasta
- 1 eetlepel rode chili sambal
- Water, indien nodig
- 2 tomaten, in stukjes
- Kokosmelk, voor garnering
- ½ theelepel kurkumapoeder
- 3 eetlepels plantaardige olie
- Tafelzout, naar smaak

INSTRUCTIES:
a) Meng de coquilles en sambal in een mengkom.
b) Laat gedurende 15 minuten staan.
c) Verhit de plantaardige olie in een koekenpan.
d) Sproei de mosterdzaadjes in en voeg dan de curryblaadjes, gemberpasta en tomaten toe.

e) Sauteer ongeveer 8 minuten.
f) Meng de kurkuma en het zout er goed door.
g) Kook gedurende 10 minuten, onafgedekt, met 1 kopje water.
h) Voeg de sint-jakobsschelpen toe en bak 5 minuten, of tot de sint-jakobsschelpen gaar zijn.
i) Serveer gegarneerd met kokosmelk.

47. Chili Vis Met Chutney

Maakt: 4

INGREDIËNTEN:
- 1 pond witte vis, in stukjes gesneden
- Sap van ½ citroen
- Chaat kruidenmix
- 4 gedroogde rode pepers, grof gestampt
- 1 theelepel korianderpoeder
- Plantaardige olie om te frituren
- ¾ theelepel kurkumapoeder
- 1 theelepel komijnpoeder
- Tafelzout, naar smaak
- ¼ theelepel zwarte peperkorrels, grof gestampt

INSTRUCTIES:
a) Doe de visblokjes in een kom.
b) Wrijf de kurkuma eroverheen en zet ze ongeveer 10 minuten opzij.
c) Combineer het citroensap, korianderpoeder, komijnpoeder, zwarte peper, rode pepers en zout in een mengkom; Meng goed.
d) Meng de vis erdoor.
e) Zet 2 uur in de koelkast, afgedekt.
f) Verhit de plantaardige olie in een friteuse tot 350°.
g) Frituur een paar stukjes vis per keer.
h) Verwijder de olie met een schuimspaan en laat het uitlekken op keukenpapier.
i) Serveer met wat Chaat Spice Mix over de vis.

48. Kurkuma Kreeft Thermidor In Saus

Maakt: 4

INGREDIËNTEN:

- 3 eetlepels ongezouten cashewnoten, 10 minuten geweekt in water
- 2 eetlepels geblancheerde amandelen
- 1 theelepel gember-knoflookpasta
- Serrano groene pepers, gezaaid en fijngehakt
- 1 kopje yoghurt, opgeklopt
- 1½ pond gekookt kreeftenvlees
- 2 theelepels witte sesamzaadjes
- 3 eetlepels geklaarde boter
- ½ theelepel rode chilipoeder
- 2 eetlepels witte maanzaad, geweekt in water
- ¼ theelepel kurkumapoeder
- 1 kaneelstokje
- 1 zwarte kardemompeul, gekneusd
- Tafelzout, naar smaak
- 1 theelepel Warme Kruidenmix
- 1 laurierblad
- kruidnagel
- 1 groene kardemompeul, gekneusd

INSTRUCTIES:

a) Mix de cashewnoten, maanzaad, amandelen en sesamzaadjes in een blender met net genoeg water om een dikke pasta te maken. Zet opzij.

b) Verhit de boter in een koekenpan.

c) Voeg het kaneelstokje, de zwarte kardemompeul, het laurierblad, de kruidnagel en de groene kardemompeul toe.

d) Voeg de gember-knoflookpasta, groene pepers en notenpasta toe als de kruiden beginnen te sissen.

e) Voeg 1 eetlepel water toe om het sissen te stoppen.

f) Voeg de rode chilipoeder, kurkuma, yoghurt, kreeft, zout en kruidenmix toe.

g) Voeg kreeft toe en bak, onder voortdurend roeren, tot de kreeft goed is opgewarmd.

49. Rode Chili Visschotel

Maakt: 4

INGREDIËNTEN:
- 4 witte visfilets
- 1 ui, fijngehakt
- 3 eetlepels plantaardige olie
- Tafelzout, naar smaak
- $\frac{1}{2}$ kopje water
- 8 verse kerrieblaadjes
- $\frac{3}{4}$ theelepel kurkumapoeder
- 4 gedroogde rode pepers, grof gestampt
- 2 theelepels gember-knoflookpasta
- $\frac{1}{2}$ theelepel zwarte mosterdzaadjes
- $\frac{1}{2}$ theelepel rode chilipoeder
- $\frac{1}{4}$ theelepel kurkumapoeder

INSTRUCTIES:

a) Doe de visfilets in een kom.

b) Wrijf de kurkuma eroverheen en zet ze ongeveer 10 minuten opzij.

c) Spoel en dep de filets droog.

d) Verhit de plantaardige olie in een koekenpan.

e) Wanneer de mosterdzaadjes beginnen te spetteren, voeg je de curryblaadjes, rode pepers en uien toe.

f) Kook gedurende 6-7 minuten, of tot ze goed bruin zijn.

g) Roer de gember-knoflookpasta, rode chilipoeder, kurkumapoeder en zout erdoor.

h) Leg de vis in de pan en bak 3 minuten.

i) Bak nog 3 minuten aan de andere kant.

j) Voeg water toe en breng aan de kook.

k) Laat 7 minuten sudderen, of tot de vis goed gaar is.

50. Parsi Vis

Maakt: 4

INGREDIËNTEN:
- Kokoschutney
- 8 eetlepels groene chili
- 4 vissteaks
- $\frac{3}{4}$ theelepel kurkumapoeder

INSTRUCTIES:
a) Verwarm de oven voor op 400 graden Fahrenheit.
b) Leg de vissteaks in een kom.
c) Zet ongeveer 10 minuten opzij na het inwrijven van de steaks met de kurkuma.
d) Spoel grondig en dep droog.
e) Snijd vier vierkanten van aluminiumfolie en plaats een biefstuk in het midden van elk.
f) Verdeel 2 eetlepels chutney over de vis.
g) Wikkel de folie er omheen.
h) Bak gedurende 25 minuten, of tot de vis helemaal gaar is.

51. Vis in een Fluweelzachte Serranosaus

Maakt: 4

INGREDIËNTEN:
- $\frac{3}{4}$ theelepel kurkumapoeder
- $\frac{1}{2}$ theelepel komijnzaad
- 8 eetlepels plantaardige olie, verdeeld
- 1 theelepel rode chilipoeder
- 1 laurierblad
- 4-5 meervalfilets
- Serrano groene pepers, gezaaid en fijngehakt
- $\frac{1}{2}$ kopje yoghurt, opgeklopt
- Tafelzout, naar smaak
- Water, indien nodig
- 2 theelepels gember-knoflookpasta
- 1 rode ui, fijngehakt

INSTRUCTIES:

a) Wrijf de filets in met de kurkuma.
b) Verhit 6 eetlepels plantaardige olie in een koekenpan.
c) Bak 1 filet aan beide kanten bruin.
d) Haal met een schuimspaan van het vuur en laat uitlekken op keukenpapier.
e) Verhit de resterende 2 eetlepels plantaardige olie in een koekenpan.
f) Voeg het laurierblad en komijnzaad toe.
g) Fruit de uien en de gember-knoflookpasta ongeveer 8 minuten.
h) Meng het rode chilipoeder en de groene pepers erdoor.
i) Meng de yoghurt en het zout goed door elkaar.
j) Voeg ongeveer water toe.
k) Sudderen, onafgedekt, ongeveer 10 minuten op laag vuur, onder voortdurend roeren.
l) Voeg de visfilets toe en laat nog 5 minuten koken.

52. Pittige Garnalen In Kokosmelk

Maakt: 4

INGREDIËNTEN:
- 1 laurierblad
- 1 rode ui, fijngehakt
- ½ theelepel kurkumapoeder
- 1 theelepel komijnzaad
- 1 kaneelstokje
- 3 teentjes knoflook
- zwarte Peperbollen
- 2 kruidnagels
- Water, indien nodig
- 1 pond garnalen, gepeld en ontdarmd
- 14-ounce blik lichte kokosmelk
- 1 stuk verse gemberwortel, geschild en in plakjes
- Tafelzout, naar smaak
- 3 eetlepels plantaardige olie

INSTRUCTIES:
a) Maal het laurierblad, komijnzaad, kaneelstokje, kruidnagel, peperkorrels, gember en knoflook grof in een kruidenmolen met 1 eetlepel water.
b) Verhit de plantaardige olie in een koekenpan.
c) Kook het gemalen kruidenmengsel gedurende 1 minuut.
d) Fruit de uien 8 minuten, of tot ze goed bruin zijn.
e) Meng de kurkuma er goed door.
f) Bak de garnalen 3 minuten, of tot ze niet meer roze zijn.
g) Voeg de kokosmelk en het zout toe.
h) Laat 10 minuten sudderen, of tot de jus dikker wordt.

53. Kurkuma Gestoomde vis

Maakt: 4 porties

INGREDIËNTEN:
- 3½ kopjes dashi of water
- 1½ kopje zwarte rijst
- ¾ kopje droge witte wijn
- 2 theelepels Ashwagandha-poeder
- 1 stuk kombu, 3 x 3 inch
- 1 theelepel kurkumapoeder
- 2 laurierblaadjes
- 2 eetlepels gedroogd zeewier
- Kosjer zout
- 2 zwarte baars of rode snapperfilets, 6 tot 8 ons
- 5 ons shiitake paddenstoelen, gehalveerd
- 2 kopjes erwtenscheuten
- 2 rode radijzen, fijn geraspt
- 2 eetlepels fijngehakte muntblaadjes

INSTRUCTIES:
a) Combineer bouillon, rijst, wijn, Ashwagandha, kombu, kurkumapoeder, laurierblaadjes en zeewier in een Nederlandse oven.
b) Breng op smaak met zout.
c) Breng aan de kook en zet dan op laag vuur.
d) Roer een keer, dek af en kook, af en toe roerend, gedurende 45 minuten of tot de rijst bijna gaar is.
e) Leg de champignons op het rijstmengsel, gevolgd door de vis, met het vel naar boven.
f) Stoom gedurende 6-8 minuten of tot de vis ondoorzichtig is.
g) Garneer met erwtenscheuten, radijsjes en munt.

54. Tamarinde viscurry

Maakt: 4

INGREDIËNTEN:
- 1½ pond, witte vis, in stukjes gesneden
- ¾ theelepel en ½ theelepel kurkumapoeder
- 2 theelepels tamarindepulp, gedrenkt in ¼ kopje heet water
- 3 eetlepels plantaardige olie
- ½ theelepel zwarte mosterdzaadjes
- ¼ theelepel fenegriekzaden
- 8 verse kerrieblaadjes
- 1 ui, fijngehakt
- 2 Serrano groene chilipepers, zonder zaadjes en fijngehakt
- 2 tomaten, in stukjes
- 2 gedroogde rode pepers, grof gestampt
- 1 theelepel korianderzaad, grof gestampt
- ½ kopje ongezoete gedroogde kokosnoot
- Tafelzout, naar smaak
- 1 kopje water

INSTRUCTIES:

a) Doe de vis in een mengkom.

b) Zet opzij voor ongeveer 10 minuten na het inwrijven met de kurkuma.

c) Spoel grondig en dep droog.

d) Verhit de plantaardige olie in een koekenpan.

e) Meng de mosterd en fenegriekzaadjes erdoor.

f) Voeg de curryblaadjes, uien en groene pepers toe als ze beginnen te sputteren.

g) Kook gedurende 8 minuten.

h) Laat nog 8 minuten koken nadat je de tomaten hebt toegevoegd.

i) Laat nog 30 seconden koken nadat je de resterende kurkuma, rode pepers, korianderzaad, kokosnoot en zout hebt toegevoegd.

j) Voeg het water en de gezeefde tamarinde toe en breng aan de kook.

k) Zet het vuur laag en voeg de vis toe.

l) Laat 15 minuten sudderen, of tot de vis gaar is.

55. Zalm in curry met saffraansmaak

Maakt: 4

INGREDIËNTEN:
- 4 eetlepels plantaardige olie
- 1 ui, fijngehakt
- theelepel gember-knoflookpasta
- ½ theelepel rode chilipoeder
- ¼ theelepel kurkumapoeder
- theelepels korianderpoeder
- Tafelzout, naar smaak
- 1 pond zalm, uitgebeend en in blokjes gesneden
- ½ kopje yoghurt, opgeklopt
- 1 theelepel geroosterde saffraan

INSTRUCTIES:
a) Verhit de plantaardige olie in een koekenpan met anti-aanbaklaag.
b) Fruit de uien 4 minuten, of tot ze glazig zijn.
c) Laat 1 minuut koken nadat je de gember-knoflookpasta hebt toegevoegd.
d) Meng de rode chilipoeder, kurkuma, koriander en zout erdoor.
e) Bak de zalm 4 minuten.
f) Zet het vuur laag en roer de yoghurt erdoor.
g) Laat sudderen tot de zalm volledig gaar is.
h) Meng de saffraan er goed door.

GEVOGELTE

56. Kurkuma Amandel Kip

Maakt: 4-5

INGREDIËNTEN:
- ¼ kopje geblancheerde amandelen
- 4 eetlepels plantaardige olie
- 1 laurierblad
- ¼ theelepel kurkumapoeder
- ¼ kopje slagroom
- 1 eetlepel gember-knoflookpasta
- 2 kruidnagels
- 5 peperkorrels
- 8 stuks kippendijen zonder vel, met bot
- ½ theelepel rode chilipoeder
- Water, indien nodig
- 1 groene chilipeper, zonder zaadjes en fijngehakt
- Tafelzout, naar smaak
- ¼ kopje yoghurt, opgeklopt
- 1 theelepel korianderpoeder
- ½ theelepel Warme Kruidenmix

INSTRUCTIES:

a) Mix de amandelen in een keukenmachine met een beetje water tot een dikke, gladde pasta.
b) Zet opzij.
c) Verhit de plantaardige olie in een pan.
d) Bak ongeveer 10 seconden na het toevoegen van het laurierblad, kruidnagel, peperkorrels, groene chili en gember-knoflookpasta.
e) Voeg de kip toe en bak 8 minuten.
f) Laat 5 minuten koken na het toevoegen van de rode chili, kurkuma, koriander, kruidenmix en zout.
g) Voeg de yoghurt toe en kook tot het vet zich afscheidt.
h) Voeg wat water toe.
i) Kook, afgedekt, gedurende 10 tot 15 minuten, of tot de kip zacht en gaar is.
j) Meng de amandelspijs en room erdoor.
k) Laat 8 minuten sudderen, onafgedekt.

57. Kurkuma Kip Tikka

Maakt: 4

INGREDIËNTEN:
- Tafelzout, naar smaak
- 1 eetlepel gember-knoflookpasta
- 2 tomaten, fijngehakt
- 2 eetlepels wasabisaus
- $\frac{1}{2}$ theelepel rode chilipoeder
- $\frac{1}{4}$ theelepel kurkumapoeder
- 1 rode ui, fijngehakt
- $\frac{1}{2}$ theelepel kip tikka kruidenmix
- 3 eetlepels plantaardige olie
- $\frac{3}{4}$ kopje slagroom

INSTRUCTIES:
a) Verhit de plantaardige olie in een pan.
b) Voeg de uien toe en bak 8 minuten, of tot ze goed bruin zijn.
c) Laat nog een minuut koken nadat je de gember-knoflookpasta hebt toegevoegd.
d) Voeg de tomaten toe en kook 8 minuten, of tot de tomaten zacht zijn.
e) Bak 1 minuut na het toevoegen van de rode chili, kurkuma, zout en kruidenmix.
f) Voeg wasabi teriyakisaus toe en roer om te combineren.
g) Kook ongeveer 2 minuten na het toevoegen van de room.
h) Meng de Chicken Tikka er goed door.
i) Kook gedurende 2 minuten.

58. Kip Met Yoghurt

Maakt: 4-5

INGREDIËNTEN:

- 2 eetlepels mosterdolie of plantaardige olie
- ½ theelepel zwarte mosterdzaadjes
- ½ theelepel wilde venkelzaadjes
- 2 gedroogde rode pepers
- ¼ theelepel fenegriekzaden
- 1 eetlepel gember-knoflookpasta
- 8 kippendijen zonder vel
- ½ theelepel rode chilipoeder
- ¼ theelepel kurkumapoeder
- Tafelzout, naar smaak
- 1 kopje yoghurt 1 kopje water
- Sap van ½ citroen

INSTRUCTIES:

a) Verhit de olie in een koekenpan tot deze bijna rookt.
b) Meng de mosterd- en nigellazaadjes erdoor, evenals de rode pepers en fenegriekzaadjes.
c) Bak gedurende 30 seconden.
d) Bak nog 10 seconden na het toevoegen van de gember-knoflookpasta.

e) Voeg de kip toe en bak 2 minuten.
f) Voeg de rode chilipoeder, kurkumapoeder en zout toe en blijf koken tot de kip aan alle kanten goed bruin is.
g) Meng de yoghurt grondig en 1 kopje water.
h) Laat 25 minuten koken met de pan afgedekt.
i) Laat nog 1 minuut koken nadat je het citroensap hebt toegevoegd.

RUNDVLEES EN LAM

59. Heet Kurkuma Lam

Maakt: 4
INGREDIËNTEN:
- ¼ theelepel kurkumapoeder
- 1¼ pond mager lamsgehakt
- ½ theelepel rode chilipoeder
- 1 theelepel gehakte knoflook
- ½ kopje water
- 4 eetlepels yoghurt, opgeklopt
- 1 rode ui, fijngehakt
- 1 Serrano groene chilipeper, zonder zaadjes en fijngehakt
- Tafelzout, naar smaak
- ¼ kopje ongezoete gedroogde kokosnoot
- ½ theelepel Warme Kruidenmix
- 1 theelepel geraspte verse gemberwortel
- 2 eetlepels plantaardige olie

INSTRUCTIES:
a) Combineer het lamsvlees, de gember, het rode chilipoeder, de knoflook, de yoghurt, de kurkuma en de groene chili in een grote koekenpan.
b) Doe het water in de pan en breng het aan de kook.
c) Dek af en kook op laag vuur gedurende 45 minuten, of tot het lamsvlees gaar is.
d) Zet opzij.
e) Verhit de plantaardige olie in een koekenpan.
f) Voeg ui toe en kook, onder voortdurend roeren, tot de ui goed bruin is, ongeveer 8 minuten.
g) Voeg het lamsvlees toe en kook nog 5 minuten.
h) Laat nog 5 minuten koken nadat je de kokosnoot en het zout hebt toegevoegd.
i) Serveer onmiddellijk, gegarneerd met Warm Spice Mix.

60. Lam Met Granaatappel En Kurkuma

Maakt: 6

INGREDIËNTEN:
- 1½ theelepel koosjer zout
- ½ kopje granaatappelpitjes
- 3 lamsschenkels, bijgesneden
- 3 kopjes gesneden gele ui
- 1 teentje knoflook
- ⅓ kopje ongezouten runderbouillon
- 2 eetlepels heet water
- ½ kopje losjes verpakte verse muntblaadjes
- ¼ kopje extra vierge olijfolie
- ½ kopje losjes verpakte verse korianderblaadjes
- 2 theelepels gemalen kurkuma
- 2 eetlepels appelazijn

INSTRUCTIES:
a) Bestrooi de lamsschenkels gelijkmatig met de kurkuma en 1 theelepel zout.
b) Doe de lamsschenkels in een Crockpot.
c) Voeg de bouillon en ui toe.
d) 7½ uur langzaam koken.
e) Doe de munt en koriander in een kleine keukenmachine en voeg het hete water toe.
f) Verwerk de kruidencombinatie tot het glad is voordat je de olie, azijn, knoflook en het resterende zout toevoegt.
g) Gooi de lamsbotten weg, serveer het lamsvlees met de granaatappelpitjes en sprenkel het kruidenmengsel over het vlees.

SOEPEN EN CURRY

61. Curry van pompoen en spinazie

Maakt: 6 Porties

INGREDIËNTEN:
- 3 kandelaars
- 1 eetlepel rauwe pinda's
- 3 rode Aziatische sjalotten, gesnipperd
- 2 knoflookteentjes
- 3 theelepels sambal oelek
- 1 theelepel gemalen kurkuma
- 1 theelepel geraspte laos
- 2 eetlepels olie
- 1 ui, fijngehakt
- 1 pond butternut pompoen, in blokjes
- $\frac{1}{2}$ kopje groentebouillon
- 12 ons Engelse spinazie, grof gehakt
- 14 ons kokosroom
- 1 theelepel suiker

INSTRUCTIES:

a) Doe alle ingrediënten voor de currypasta in een keukenmachine, of een vijzel met stamper, en maal of stamp tot een gladde pasta.

b) Verhit de olie in een grote pan, voeg de currypasta toe en kook, al roerend, op laag vuur gedurende 3-5 minuten, of tot geurig. Voeg de ui toe en bak nog 5 minuten, of tot hij zacht is.

c) Voeg de pompoen en de helft van de groentebouillon toe en kook, afgedekt, 10 minuten, of tot de pompoen bijna gaar is. Voeg indien nodig meer voorraad toe.

d) Voeg de spinazie, kokosroom en suiker toe en breng op smaak met zout. Breng onder voortdurend roeren aan de kook, zet het vuur lager en laat 3-5 minuten sudderen, of tot de spinazie gaar is en de saus iets is ingedikt. Serveer onmiddellijk.

62. Lam dhansak

Maakt: 6 Porties

INGREDIËNTEN:
- ¾ kopje gele linzen
- 2 theelepels gedroogde gele mungbonen
- 2 eetlepels gedroogde kikkererwten
- 3 eetlepels rode linzen
- 1 ongeschilde aubergine
- 5½ ons ongeschilde pompoen
- 2 eetlepels ghee of olie
- 1 ui, fijngehakt
- 3 teentjes knoflook, geperst
- 1 eetlepel geraspte gember
- 2 pond zonder been of lamsschouder, in blokjes
- 1 kaneelstokje
- 5 kardemompeulen, gekneusd
- 3 kruidnagels
- 1 eetlepel gemalen koriander
- 1 theelepel gemalen kurkuma
- 1 theelepel chilipoeder, of naar smaak
- 5½ ons amarant, in stukken van 5 cm gesneden
- 2 tomaten, gehalveerd
- 2 lange groene pepers, zonder zaadjes, in de lengte doorgesneden
- 3 eetlepels limoensap

INSTRUCTIES:

a) Week de gele linzen, gele mungbonen en kikkererwten ongeveer 2 uur in water en laat ze goed uitlekken.

b) Doe alle vier soorten peulvruchten in een pan, voeg water toe, dek af en breng aan de kook.

c) Dek af en laat 15 minuten sudderen, schep eventueel schuim dat zich op het oppervlak vormt af en roer af en toe om ervoor te zorgen dat alle peulvruchten in hetzelfde tempo koken en zacht zijn. Giet de peulvruchten af en pureer ze lichtjes tot een vergelijkbare textuur.

d) Kook de aubergine en pompoen in kokend water gedurende 10-15 minuten, of tot ze zacht zijn. Lepel het vruchtvlees uit de pompoen en snijd het in stukjes. Schil de aubergine voorzichtig en snijd het vruchtvlees in kleine stukjes.

e) Verhit de ghee of olie in een braadpan of karahi en bak de ui, knoflook en gember 5 minuten, of tot ze lichtbruin en zacht zijn. Voeg het lamsvlees toe en bruin gedurende 10 minuten, of tot het aromatisch is.

f) Voeg de kaneel, kardemompeulen, kruidnagel, koriander, kurkuma en chilipoeder toe en bak 5 minuten om de smaken te laten ontwikkelen. Voeg water toe, dek af en laat 40 minuten sudderen, of tot het lamsvlees zacht is.

g) Voeg de gepureerde linzen en alle gekookte en rauwe groenten toe aan de pan.

h) Voeg het limoensap toe en laat 15 minuten sudderen.

i) Roer goed en controleer dan de smaak.

63. Pompoensoep

Maakt: 6 Porties

INGREDIËNTEN:
- 600 g pompoen, geschild en in stukjes gesneden
- 2 kopjes groentebouillon
- 1 theelepel komijnpoeder
- ½ kopje kokosmelk
- frituurolie
- 1 eetlepel citroengras, gehakt
- 1 gember, geschild en geraspt
- 2 kaffirlimoenblaadjes, gehakt
- 1 theelepel korianderzaad
- 1 rode paprika, ontpit en in plakjes
- 1 verse kurkuma, geschild en in plakjes
- Zwarte peper naar smaak
- 1 sjalot, gesnipperd
- 4 knoflookteentjes

INSTRUCTIES
a) Gooi de pompoen in de olie voordat je hem op de bakplaat legt en goudbruin roostert.
b) Verhit de olie in een pan en fruit de sjalotten tot ze bruin zijn.
c) Voeg komijn en koriander toe.
d) Voeg de kaffirblaadjes, kurkuma, gember, citroengras en chili toe en bak nog een minuut.
e) Voeg de pompoen toe aan de bouillon, dek af en kook
f) Laat nog 10 minuten sudderen.
g) Voeg de kokosmelk toe en kook 6 minuten.

64. Erwtensoep Met Spirulina

Maakt: 2 porties

INGREDIËNTEN:
- 1 ui
- 1 theelepel spirulina
- 1 scheutje olijfolie
- 1 kopje erwten
- ½ kopje kokosmelk
- 1 theelepel kurkuma
- 1 theelepel vers geraspte gember
- Schil van een citroen
- Snufje zout en gehakte koriander

INSTRUCTIES:
a) Fruit de ui lichtjes met olijfolie, gember en kurkuma.
b) Voeg de erwten toe en kook op laag vuur tot de erwten gaar zijn.
c) Voeg de kokosmelk en een klein beetje water toe zodat de erwten net onder staan.
d) Laat het afkoelen en mix het tot slot met spirulina.
e) Pas zout en textuur aan met een klein beetje water of als je meer kokosmelk verkiest. Serveer met gehakte koriander en limoenschil.

65. Pompoen en kurkuma roomsoep

Maakt: 2 porties

INGREDIËNTEN:
- 1 kilo pompoen
- 1 ui
- 1 prei
- 1 plakje gember
- 1 liter groentebouillon
- 1 liter groentebouillon
- 1 theelepel kurkuma
- 1 snufje peper
- 1 snufje zout
- 1 theelepel spirulina, knapperig

INSTRUCTIES
a) Snipper de ui, prei en gember en begin ze in olie te bakken.
b) Als de ingrediënten gaar zijn, voeg je de pompoen toe en bak je deze mee met de kruiden: kurkuma, zout en peper.
c) Voeg de groentebouillon toe en kook op middelhoog vuur tot de pompoen gaar is, 20 minuten.
d) Pureer alles.
e) Serveer de toppings: knapperige spirulina, sesamolie en groene bladeren.

66. Wortel-, sinaasappel- en kurkumasoep

Maakt: 2 porties

INGREDIËNTEN:
- 10g kokosolie
- 1 kleine ui, in blokjes gesneden
- 200 g in blokjes gesneden wortelen
- Sap van 1 sinaasappel
- 1 eetlepel sinaasappelschil
- 1 theelepel kurkumapoeder
- 1 eetlepel lijnzaad
- 1 theelepel komijnzaad
- 1 eetlepel Ashwagandha-poeder
- 600ml water
- Rode paprikapoeder en zwarte peper naar smaak

INSTRUCTIES:
a) Snijd de wortel in dunne plakjes en doe deze in een pan met 600 ml water. Kook tot de wortels zacht zijn.
b) Verhit de kokosolie in een pan en voeg de gesnipperde ui toe.
c) Kook tot de ui glazig is en roer dan de kruiden, sinaasappelschil, zaden en gekookte wortel erdoor.
d) Voeg het kurkumapoeder toe en meng goed.
e) Mix alles in een blender tot een gladde massa.
f) Roer op het einde sinaasappelsap en Ashwagandha-poeder erdoor.
g) Voeg dunne plakjes sinaasappel toe als garnering.

67. Kurkuma & Kokossoep

Maakt: 4 porties

INGREDIËNTEN:
- 1 eetlepel kokosolie
- 1 gele ui in blokjes
- 2 fijngehakte teentjes knoflook
- 1 theelepel geraspte gember
- 2 gesneden wortelen
- 1 fijngehakte rode peper
- 2 stengels bleekselderij met gehakte bladeren
- 1 scheutje citroensap
- ½ krop bloemkool
- ⅓ kopje zongedroogde tomaten
- 10 roze tomaten
- 1 theelepel komijn
- 2 theelepels kurkumapoeder
- 3 kopjes natriumarme groentebouillon
- ½ kopje kokosmelk
- 1 eetlepel Ashwagandha
- Zwarte peper en zeezout naar smaak

TOPPINGEN
- ½ spiraalvormige courgette
- Gedroogde tomaten
- Microgroenten
- Zonnebloempitten of zwarte sesamzaadjes
- Limoen plakjes

INSTRUCTIES:

a) Smelt de kokosolie in een grote pan en fruit de ui glazig.

b) Voeg de bleekselderij, wortels en geroosterde rode paprika toe, samen met de knoflook, gember, komijn, citroensap, kurkuma, zout en peper. Kook gedurende 6 minuten.

c) Voeg de gehakte bloemkoolkop en tomaten toe en kook een paar minuten tot ze zacht zijn voordat je de bouillon toevoegt en het vuur laag zet.

d) Voeg zongedroogde tomaten en Ashwagandha toe en roer goed. Dek af en kook gedurende 5 tot 10 minuten of tot de groenten gaar zijn.

e) Giet de soep in een blender en mix tot het helemaal glad is.

f) Doe over in een kom en garneer met de gewenste toppings.

68. Mosterd Microgreen Dal Curry

Maakt: 7

INGREDIËNTEN:

- ½ kopje moong dal
- ¼ kopje pompoen
- 2 ½ kopje water
- Snufje zout
- ½ kopje geraspte kokosnoot
- 6 sjalotten
- 1 teentje knoflook
- 1 groene peper
- Curry bladeren
- ¼ theelepel kurkumapoeder
- ¼ theelepel komijnzaad
- ½ kopje mosterd microgreens
- 1 Eetlepels olie
- ¼ theelepel mosterdzaad
- 2 rode pepers

INSTRUCTIES:

a) Combineer moong dal, pompoenen, zout en water in een snelkookpan. Kook voor 1 fluitje nadat je alles grondig hebt gemengd.

b) Combineer ondertussen geraspte kokosnoot, sjalotten, knoflook, groene chili, komijnzaad, 3 of 4 kerrieblaadjes en kurkumapoeder in een blender.

c) Meng de gemalen pasta met het gekookte dalmengsel.

d) Kook het dalmengsel 2 tot 3 minuten. Nu is het tijd om de microgreens toe te voegen.

e) Breng 1 minuut aan de kook en haal dan van het vuur.

f) Voeg de mosterdzaadjes en rode pepers toe aan een pan.

g) Voeg de sjalotten toe en bak een paar minuten

h) Voeg de tempering toe aan het dalmengsel.

69. Perzische Granaatappelsoep

Maakt: 6-8

INGREDIËNTEN:
- ¼ kopje olijfolie, plus extra voor topping
- 1 gele ui, in blokjes gesneden
- 3 teentjes knoflook, fijngehakt
- ¾ kopje gele spliterwten
- ½ kopje linzen
- ½ kopje mungbonen
- ½ kopje geparelde gerst
- 1 grote biet, in kleine blokjes gesneden
- 2 theelepels gemalen komijn
- 1 theelepel gemalen kurkuma
- 12 kopjes groentebouillon of water
- 2 eetlepels gedroogde munt
- ½ kopje granaatappelmelasse
- 1 bosje fijngehakte koriander
- 1 kopje labneh of dikke yoghurt
- Zaden van 1 granaatappel
- Zout en peper

INSTRUCTIES:

a) Verhit de olie in een grote soeppan op middelhoog vuur en fruit de ui ongeveer 10 minuten tot hij bruin begint te worden, onder regelmatig roeren.

b) Voeg de knoflook, bonen, gerst, bieten, kruiden en 2 theelepels zout toe. Roer goed door de gekookte uien, voeg dan de bouillon of het water toe en breng aan de kook.

c) Zet het vuur lager en laat afgedekt $1 \frac{1}{2}$ uur sudderen tot de bonen en gerst gaar zijn.

d) Roer, terwijl de soep nog pruttelt, de gedroogde munt en granaatappelmelasse erdoor en breng op smaak met zout en peper.

e) Serveer warm met een scheutje olijfolie en een klodder yoghurt, en een royale hoeveelheid koriander en granaatappelpitjes.

70. Thaise Citroengras Kikkererwten Curry

Maakt: 4

INGREDIËNTEN:
VOOR DE BRUINE RIJST:
- Kokosolie: 1 theelepel
- Ongekookte bruine rijst met korte korrel: 1 kop

VOOR DE THAISE GROENE CURRY:
- Olijfolie of kokosolie: 2 theelepels
- Knoflookteentjes: 3, fijngehakt
- Groene ui: ¾ kopje, in blokjes gesneden
- Citroengras: 2 stengels
- Wortelen: 1 kopje, in blokjes gesneden
- Gember: 1 eetlepel (vers gehakt)
- Verse basilicum: 3 eetlepels, in blokjes
- Groene currypasta: 2 eetlepels
- Kurkuma: ½ theelepel
- Lite kokosmelk: 1 blik (15-ounce)
- Vegetarische bouillon of water: ½ kopje
- Kikkererwten: 15-ounce blik
- Glutenvrije sojasaus of coconut aminos: 1 eetlepel
- Limoen: 1, geperst
- Zout: ½ theelepel, plus meer naar smaak
- Rode paprika: 1, dun gesneden
- Bevroren erwten: 1 kop
- Koriander, groene ui & hete saus: om te garneren

INSTRUCTIES:

a) Rooster de rijst op middelhoog vuur gedurende 5 minuten of tot geurig.

b) Voeg 2 $\frac{1}{2}$ kopjes water toe aan een pan en breng aan de kook.

c) Zet het vuur laag tot medium, dek af en kook gedurende 45 minuten.

d) Verhit de olie op middelhoog vuur in een grote pan. Voeg knoflook, in blokjes gesneden verse basilicum, groene ui, verse gember, citroengras en wortels toe aan de hete olie. Roerbak 5 minuten.

e) Voeg de groene currypasta en kurkuma toe gedurende 30 seconden om de smaken vrij te maken.

f) Combineer de kokosmelk, vegetarische bouillon, limoensap, kikkererwten, zout, rode paprika en sojasaus in een grote mengkom.

g) Dek af en kook gedurende 20 minuten.

h) Roer vlak voor het serveren de diepvrieserwten erdoor.

i) Gooi bruine rijst in een kom en garneer met verse koriander, groene ui en een scheutje hete saus, indien gewenst.

71. Kurkuma Met Kikkererwten En Bloemkool

Maakt: 4

INGREDIËNTEN:
KERRIE
- Water (of kokosolie): 2 eetlepels
- Sjalot: ⅓ kopje, gehakt
- Knoflook: 4 teentjes, fijngehakt
- Verse gember: 2 eetlepels, gehakt
- Kleine serranopeper: 1 (zaadjes verwijderd, fijngehakt)
- Rode of gele currypasta: 3-4 eetlepels
- Lichte kokosmelk: 2 kopjes
- Gemalen kurkuma: 1 theelepel
- Ahornsiroop: 1 eetlepel (plus meer naar smaak)
- Coconut aminos: 2 eetlepels
- Bloemkool: 1 kop, gehakt
- Gekookte kikkererwten: 1 ¼ kopje, afgespoeld en uitgelekt

SALADE / KOM OPTIONEEL
- Bloemkoolrijst, quinoa of rijst
- Avocado
- Groenen
- Limoen partjes
- Koriander
- Sesam zaden

INSTRUCTIES:

a) Voeg in een grote pan op middelhoog vuur de sjalot, knoflook, gember en serranopeper toe, samen met een scheutje water of kokosolie.

b) Kook, onder voortdurend roeren, gedurende 2-3 minuten.

c) Roer de currypasta erdoor.

d) Roer de kokosmelk, kurkuma, ahornsiroop of kokossuiker (indien gewenst) en kokosamino's (of tamari) erdoor. Breng op middelhoog vuur aan de kook.

e) Nadat de bloemkool en kikkererwten zacht beginnen te worden, zet je het vuur iets lager.

f) Om de kikkererwten en bloemkool zacht te maken en ze te vullen met currysmaak, dek af en kook gedurende 10-15 minuten, af en toe roerend. Houd het op een laag pitje; als het begint te koken, zet het vuur laag.

g) Proef in dit stadium de bouillon en pas de smaak indien nodig aan.

h) Serveer over rijst, quinoa of greens zoals het is.

i) Toppings zoals limoen, koriander, in blokjes gesneden rode ui of sesamzaadjes kunnen naar behoefte worden toegevoegd.

72. Thaise pompoencurry

Maakt: 4

INGREDIËNTEN:
VOOR DE POMPOEN:
- Pompoen: ½ klein
- Yam: 1 kleine, geschild en in blokjes
- Middelgrote wortelen: 1-2 dikke plakken
- Gele paprika: 1, hapklaar
- Cherrytomaatjes: 1 kop
- Kikkererwten: ½ blik, uitgelekt
- Sinaasappelschil: 2 eetlepels

VOOR DE CURRYSAUS:
- Knoflook: 3-4 teentjes
- Rode pepers: 1-2
- Kokosmelk: 1 blikje
- Tamarindepasta: 1 theelepel
- Sojasaus: 2 en een ½ eetlepel
- Bruine suiker: 1 eetlepel
- Limoensap: 1 eetlepel
- Sinaasappelsap: 2 eetlepels, vers
- Kurkuma: ½ theelepel
- Rijstazijn: 1 eetlepel
- Korianderzaad: 1 eetlepel, gemalen
- Komijn: 1 eetlepel
- Venkelzaad: 1 theelepel
- Paarse ui: ⅓, gesneden
- Basilicumblaadjes: ter garnering
- Geroosterde pompoenpitten: 1 eetlepel, voor garnering

INSTRUCTIES:

j) Combineer alle sausingrediënten in een keukenmachine.
k) Verwerk alles grondig.
l) Snijd de pompoen of pompoen open en schep met een lepel de pitten eruit om hem klaar te maken. Verwijder de schil van de pompoen en snijd hem in blokjes.
m) Bereid de resterende groenten voor, evenals de schil van de sinaasappel.
n) Combineer op middelhoog vuur de wortels, pompoen en yam met de currysaus in een wok of koekenpan.
o) Zet het vuur laag tot medium wanneer de curry begint te sudderen, laat de groenten zacht worden.
p) Roer de paprika, sinaasappelschil, kikkererwten en kerstomaatjes erdoor. Kook nog 2 minuten.
q) Controleer op zout en kruiden met een proeverij.
r) Verse basilicumblaadjes en pompoenpitten kunnen erover gestrooid worden. Serveer met Thaise jasmijnrijst.

73. Afslanksoep met kip en bonen

Maakt: 8

INGREDIËNTEN:
- 200 gram kipfilet
- Zout
- 1 grote gesnipperde ui
- 1 theelepel olijfolie
- 2 teentjes knoflook, fijngehakt
- 2 kopjes gehakte cherrytomaatjes
- 2 gesneden wortelen
- 1 fijngehakte groene paprika
- 1 fijngehakte paprika
- 1 eetlepel chilipoeder
- 1 ½ theelepel komijn
- 1 theelepel kurkuma
- 1 theelepel paprikapoeder
- ¼ theelepel gedroogde oregano
- 4 kopjes natriumarme kippenbouillon
- 2 kopjes maïs
- 500 g gewassen en uitgelekte zwarte bonen
- 1 kopje verse koriander
- 1 kopje kaas

INSTRUCTIES:

- Kook de kipfilet in een pan gevuld met water op middelhoog vuur gedurende 10 tot 15 minuten; Verscheur het.
- Giet de olijfolie in een grote pan en verwarm op middelhoog vuur.
- Voeg de ui en knoflook toe voor ongeveer 5 tot 8 minuten of tot de ui glazig is.
- Doe de tomaten, wortelen, paprika's en garde om goed te mengen in de blender of keukenmachine.
- Voeg de kruiden en een theelepel toe aan de pan van stap 3. Voeg de gesnipperde kip, het mengsel van stap 4, de maïs, de bonen en 2/4 kopje koriander toe. Vind je de soep te dik, doe er dan water bij.
- Kook met de pan gedeeltelijk afgedekt gedurende 30 minuten tot een uur, totdat de maïs zacht blijft.
- Serveer de soep gegarneerd met de kaas en de rest van de koriander.

74. Gouden Kurkuma Bloemkoolsoep

Maakt: 4

INGREDIËNTEN
- 3 teentjes knoflook, fijngehakt
- 3 eetlepels druivenpitolie
- $\frac{1}{8}$ eetlepels gemalen rode pepervlokken
- 1 eetlepel kurkuma
- $\frac{1}{4}$ kopje hele kokosmelk
- 6 kopjes bloemkoolroosjes
- 1 eetlepel komijnpoeder
- 1 ui of venkelknol, gehakt
- 3 kopjes groentebouillon

INSTRUCTIES:
a) Combineer en kook op laag gedurende 1 uur.

75. Bonencurry of Linzen

Maakt: 5 KOPJES

INGREDIËNTEN:
- 2 eetlepels olie
- ½ theelepel asafetida
- 2 theelepels komijnzaad
- ½ theelepel kurkumapoeder
- 1 kaneelstokje
- 1 cassiablad
- ½ gele of rode ui, gepeld en fijngehakt
- 1 stuk gemberwortel, geschild en geraspt of gehakt
- 4 teentjes knoflook, gepeld en geraspt of gehakt
- 2 tomaten, geschild en in blokjes
- 2-4 groene Thaise, serrano of cayennepepers, gehakt
- 4 kopjes gekookte hele bonen of linzen
- 4 kopjes water
- 1½ theelepel grof zeezout
- 1 theelepel rode chilipoeder of cayennepeper
- 2 eetlepels gehakte verse koriander, voor garnering

INSTRUCTIES:

a) Verhit de olie in een zware pan op middelhoog vuur.
b) Voeg de asafetida, komijn, kurkuma, kaneel en cassiablad toe en kook 30 seconden, of tot de zaden sissen.
c) Voeg de ui toe en bak 3 minuten, of tot ze lichtbruin zijn.
d) Voeg de gemberwortel en knoflook toe.
e) Kook nog 2 minuten.
f) Voeg de tomaten en groene pepers toe.
g) Laat 5 minuten sudderen, of tot de tomaten zacht zijn.
h) Laat nog 2 minuten koken nadat je de bonen of linzen hebt toegevoegd.
i) Voeg het water, zout en rode chilipoeder toe.
j) Breng het water aan de kook.
k) Laat 10 tot 15 minuten sudderen.
l) Serveer gegarneerd met koriander.

76. Bonen Met Kerrieblaadjes

Maakt: 6 KOPJES

INGREDIËNTEN:
- 2 eetlepels kokosolie
- $\frac{1}{2}$ theelepel asafetida-poeder
- $\frac{1}{2}$ theelepel kurkumapoeder
- 1 theelepel komijnzaad
- 1 theelepel zwarte mosterdzaadjes
- 20 verse kerrieblaadjes, grof gehakt
- 6 hele gedroogde rode chili pepers, grof gehakt
- $\frac{1}{2}$ gele of rode ui, gepeld en in blokjes gesneden
- 14-ounce blikje kokosmelk, licht of vol vet
- 1 kopje water
- 1 theelepel Rasam-poeder of Sambhar Masala
- $1\frac{1}{2}$ theelepel grof zeezout
- 1 theelepel rode chilipoeder of cayennepeper
- 3 kopjes gekookte hele bonen of linzen
- 1 eetlepel gehakte verse koriander, voor garnering

INSTRUCTIES:

a) Verwarm de olie voor op middelhoog vuur.
b) Voeg de asafetida, kurkuma, komijn, mosterd, kerrieblaadjes en rode pepers toe.
c) Kook gedurende 30 seconden, of tot de zaden sissen.
d) Meng de ui erdoor.
e) Laat ongeveer 2 minuten koken en roer regelmatig om plakken te voorkomen.
f) Voeg de kokosmelk, water, Rasam-poeder of Sambhar Masala, zout en rode chili-poeder toe.
g) Breng aan de kook en laat 2 minuten sudderen, of tot de smaken in de melk trekken.
h) Voeg de bonen of linzen toe.
i) Laat 4 minuten sudderen.
j) Serveer gegarneerd met koriander.

77. Curry Met Kokosmelk

Maakt: 6 KOPJES
INGREDIËNTEN:
- 1 eetlepel olie
- ½ ui, geschild en in blokjes gesneden
- 1 stuk gemberwortel, geschild en geraspt of gehakt
- 4 teentjes knoflook, gepeld en geraspt of gehakt
- 1 tomaat, in blokjes
- 2 groene Thaise, serrano of cayennepepers, gehakt
- 1 eetlepel gemalen koriander
- 1 eetlepel gemalen komijn
- 1 theelepel kurkumapoeder
- 1 theelepel tamarindepasta
- 1 theelepel rietsuiker of bruine suiker
- 1½ theelepel grof zeezout
- 3 kopjes water
- 4 kopjes gekookte hele linzen
- 1 kopje kokosmelk, normaal of licht
- Sap van ½ citroen
- 1 eetlepel gehakte verse koriander, voor garnering

INSTRUCTIES:

a) Verhit de olie in een grote, zware pan op middelhoog vuur.

b) Voeg de ui toe en bak 2 minuten, of tot de ui lichtbruin is.

c) Voeg de gemberwortel en knoflook toe.

d) Kook nog een minuut.

e) Voeg de tomaat, chilipepers, koriander, komijn, kurkuma, tamarinde, rietsuiker, zout en water toe.

f) Breng aan de kook, zet het vuur laag en dek af gedurende 15 minuten.

g) Voeg de linzen en kokosmelk toe.

h) Voeg het citroensap en de koriander naar smaak toe.

78. Chana Masala peulvruchten

Maakt: 6 KOPJES

INGREDIËNTEN:
- 2 eetlepels olie
- 1 theelepel komijnzaad
- ½ theelepel kurkumapoeder
- 2 eetlepels chana masala
- 1 gele of rode ui, gepeld en in blokjes gesneden
- 1 stuk gemberwortel, geschild en geraspt of gehakt
- 4 teentjes knoflook, gepeld en geraspt of gehakt
- 2 tomaten, in blokjes
- 2 groene Thaise, serrano of cayennepepers, gehakt
- 1 theelepel rode chilipoeder of cayennepeper
- 1 eetlepel grof zeezout
- 1 kopje water
- 4 kopjes gekookte hele bonen of linzen

INSTRUCTIES:
a) Verhit de olie in een diepe, zware pan op middelhoog vuur.
b) Voeg de komijn, kurkuma en Chana Masala toe en kook 30 seconden, of tot de zaadjes sissen.
c) Voeg de ui toe en bak ongeveer een minuut, of tot hij zacht is.
d) Voeg de gemberwortel en knoflook toe.
e) Kook nog een minuut.
f) Voeg de tomaten, groene chilipepers, rode chilipoeder, zout en water toe.
g) Breng aan de kook en laat 10 minuten sudderen, of tot alle ingrediënten zijn gecombineerd.
h) Kook de bonen of linzen gaar.

79. Kurkuma Bonen En Linzen

Maakt: 10 KOPJES

INGREDIËNTEN:
- 2 kopjes gedroogde limabonen, geplukt en gewassen
- ½ gele of rode ui, gepeld en grof gesneden
- 1 tomaat, in blokjes
- 1 stuk gemberwortel, geschild en geraspt of gehakt
- 2 teentjes knoflook, gepeld en geraspt of gehakt
- 2 groene Thaise, serrano of cayennepepers, gehakt
- 3 hele teentjes
- 1 theelepel komijnzaad
- 1 theelepel rode chilipoeder of cayennepeper
- een theelepel grof zeezout
- ½ theelepel kurkumapoeder
- ½ theelepel garam masala
- 7 kopjes water
- ¼ kopje gehakte verse koriander

INSTRUCTIES:
a) Combineer in de slowcooker alle ingrediënten behalve de koriander.
b) Kook 7 uur op de hoogste stand, of tot de bonen zijn afgebroken en romig zijn geworden.
c) Haal de kruidnagel eruit.
d) Garneer met verse koriander.

80. Kurkuma Sojamelk Soep

Maakt: 3½ KOPJES

INGREDIËNTEN:
- 2 kopjes gewone ongezoete sojamelk
- ¼ kopje Adarak Masala
- ½ theelepel grof zeezout
- ½ theelepel rode chilipoeder of cayennepeper
- 2 groene Thaise, serrano of cayennepepers, gehakt
- ½ kopje water
- ¼ kopje gehakte, verse koriander

INSTRUCTIES:
a)   Breng de sojamelk aan de kook.
b)   Voeg de Adarak Masala, zout, rode chilipoeder, groene chilipepers en water toe.
c)   Breng aan de kook en roer dan de koriander erdoor.

81. Bloemkool Kerrie

Maakt: 4 Porties

INGREDIËNTEN:
- 3 kopjes bloemkool - in roosjes gesneden
- 2 tomaten-gehakt
- 1 theelepel olie
- 1 theelepel mosterdzaad
- 1 theelepel komijnzaad
- Snufje kurkuma
- 1 theelepel geraspte gember
- Verse korianderblaadjes
- Zout naar smaak
- Verse of gedroogde kokosnoot-versnipperd

INSTRUCTIES:
a) Verhit de olie en roer de mosterdzaadjes erdoor.
b) Voeg de resterende kruiden toe en kook gedurende 30 seconden.
c) Voeg de tomaten toe en bak 5 minuten.
d) Voeg de bloemkool en een beetje water toe, dek af en kook, af en toe roerend, tot ze gaar zijn.
e) Voeg de kokosnoot, het zout en de korianderblaadjes toe.

82. Bloemkool en Aardappel Curry

Maakt: 4 Porties

INGREDIËNTEN:
- 2 kopjes bloemkool, in roosjes gesneden
- Aardappelen van 2 maten, in blokjes gesneden
- 1 theelepel olie
- 1 theelepel mosterdzaad
- 1 theelepel komijnzaad
- 5-6 kerrieblaadjes
- Snufje kurkuma
- 1 theelepel geraspte gember
- Verse korianderblaadjes
- Zout naar smaak
- Verse of gedroogde kokosnoot – versnipperd
- Citroensap - naar smaak

INSTRUCTIES:
a) Verhit de olie en roer de mosterdzaadjes erdoor.
b) Voeg de resterende kruiden toe en kook gedurende 30 seconden.
c) Voeg de bloemkool en aardappel toe, samen met een beetje water, dek af en laat sudderen tot ze bijna gaar zijn, af en toe roerend.
d) Dek af en kook tot de groenten zacht zijn en het water is verdampt.
e) Voeg de kokosnoot, het zout, de korianderblaadjes en het citroensap toe.

83. Zonnewende Aardappelsoep

Maakt: 2 Porties

INGREDIËNTEN:
- 1 kwart aardappelen in plakjes 1 kwart selderij in plakjes
- kwart uien gesneden
- $\frac{1}{8}$ kopje rauwe gehakte knoflook
- $\frac{1}{8}$ kopje bakolie
- 1 eetlepel chilipoeder
- 1 eetlepel kurkuma
- 1 eetlepel komijn
- 1 eetlepel koriander
- Snufje cayennepeper
- Zout

INSTRUCTIES:
a) Verhit de frituurolie en leg de groenten in een pan in laagjes, te beginnen met de aardappelen.
b) Vul met water en breng op smaak met zout.
c) Breng aan de kook en laat sudderen tot de groenten gaar zijn.
d) Voeg de chilipoeder, kurkuma, komijn, koriander en cayennepeper toe aan de soep. Voeg op het einde, vlak voor het serveren, de knoflook toe.

SALADES

84. Rode Bieten En Tomatensalade

Maakt: 2 Porties

INGREDIËNTEN:
- ½ kopje verse tomaten - gehakt
- ½ kopje gekookte rode biet - gehakt
- 1 Eetlepel plantaardige olie
- ¼ eetlepels mosterdzaad
- ¼ eetlepels komijnzaad
- Snufje kurkuma
- 2 snufjes asafoetida
- 4 kerrieblaadjes
- Zout naar smaak
- Suiker naar smaak
- 2 Eetlepels pindapoeder
- Vers gehakte korianderblaadjes

INSTRUCTIES:
a) Verhit de olie voordat je de mosterdzaadjes toevoegt.
b) Voeg de komijn, kurkuma, curryblaadjes en asafoetida toe als ze beginnen te springen.
c) Hussel de rode biet en tomaat door het kruidenmengsel, pindapoeder, zout, suiker en korianderblaadjes naar smaak.

85. Op Houtskool Geroosterde Kurkuma Wortelen

Maakt: 6
INGREDIËNTEN
- 6 middelgrote wortels, bij voorkeur paars
- 2 liter groentebouillon
- 1 eetlepel witte wijnazijn
- 1 stuk kurkuma, gesneden met schil
- 1 theelepel zwarte peperkorrels
- 1 takje lavas
- 1 theelepel Sichuanpeper
- 1 theelepel korianderzaad

SERVEREN
- lavas
- peterselieblaadjes
- waterkers
- koudgeperste koolzaadolie

INSTRUCTIES
a) Breng de groentebouillon, kurkuma, peperkorrels, korianderzaad en Sichuanpeper aan de kook. Meng de lavas en azijn erdoor.

b) Roer een paar keer, dek af en zet 20 minuten opzij. Zeef en breng op smaak met zout en peper.

c) Vul de grill voor de helft met houtskool of houtblokken, zodat je de wortels later kunt roosteren met indirecte hitte. Steek de grill aan en leg, nadat deze heet is, de wortelen direct op de kolen om de buitenste laag te laten verbranden. Draai met een tang vele malen.

d) Pak de wortels op en leg ze op de houtskoolvrije kant van de grill.

e) Rooster 30 minuten op indirecte warmte.

f) Bord en werk af met bouillon en een paar druppels geurige koolzaadolie.

86. Kurkuma Ayurvedische Salade

Maakt: 3 KOPJES

INGREDIËNTEN:
- 1 eetlepel olie
- 1 theelepel komijnzaad
- ½ theelepel kurkumapoeder
- 1 gele of rode ui, gepeld en in stukjes gesneden
- 1 stuk gemberwortel, geschild en in luciferreepjes gesneden
- 2 teentjes knoflook, gepeld en geraspt
- 1 groene Thaise, serrano of cayennepeper
- 2 kopjes gekookte hele bonen of linzen
- 1 theelepel grof zeezout
- ½ theelepel rode chilipoeder of cayennepeper
- ½ theelepel zwart zout
- ¼ kopje gehakte verse koriander

INSTRUCTIES:
a) Verhit de olie in een diepe, zware pan op middelhoog vuur.
b) Voeg de komijn en kurkuma toe.
c) Kook gedurende 30 seconden, of tot de zaden sissen.
d) Voeg de ui, gemberwortel, knoflook en chilipepers toe.
e) Kook gedurende 2 minuten, of tot ze bruin zijn.
f) Voeg de bonen of linzen toe.
g) Kook nog 2 minuten.
h) Voeg het zeezout, chilipoeder, zwart zout en koriander toe.
i) Serveer na grondig mengen.

87. Kurkuma Straat Salade

Maakt: 6 KOPJES

INGREDIËNTEN:
- 4 kopjes gekookte hele bonen of linzen
- 1 rode ui, gepeld en in blokjes gesneden
- 1 tomaat, in blokjes
- 1 komkommer, geschild en in blokjes
- 1 daikon, geschild en geraspt
- 1 groene Thaise, serrano of cayennepeper, gehakt
- ¼ kopje gehakte verse koriander, fijngehakt
- Sap van 1 citroen
- 1 theelepel grof zeezout
- ½ theelepel zwart zout
- ½ theelepel Chaat Masala
- ½ theelepel rode chilipoeder of cayennepeper
- 1 theelepel verse witte kurkuma, geschild en geraspt

INSTRUCTIES:
a) Meng alle ingrediënten in een diepe kom.

KRUIDEN EN RUBBEN

88. Sambhar Kurkuma Masala

Maakt: 1 KOP

INGREDIËNTEN:
- ¼ kopje gespleten gram
- 1 eetlepel gespleten en gevilde zwarte linzen
- 1 eetlepel gespleten en gevilde groene linzen
- ½ kopje korianderzaad
- ½ kopje hele gedroogde rode chilipepers, in stukjes gebroken
- ½ kopje verse curryblaadjes, grof gehakt
- 1 eetlepel komijnzaad
- 1 eetlepel zwarte mosterdzaadjes
- 1 eetlepel wit maanzaad
- 1 eetlepel fenegriekzaden
- 2 kaneelstokjes, in stukjes gebroken
- 20 hele zwarte peperkorrels
- 3 eetlepels kurkumapoeder

INSTRUCTIES:
a) Droog alle ingrediënten behalve de kurkuma op matig vuur.

b) Zodra het mengsel is afgekoeld, brengt u het, samen met de kurkuma, over naar een kruidenmolen.

c) Zeef na het malen om een fijner poeder te krijgen.

89. Kurkuma Rasam-poeder

Maakt: 3 KOPJES

INGREDIËNTEN:
- 1 eetlepel van een gespleten gram
- 1 eetlepel gespleten en ontvelde duivenerwten
- 2 kopjes korianderzaad
- ½ kopje komijnzaad
- ½ kopje hele zwarte peperkorrels
- ½ theelepel fenegriekzaden
- 10 hele gedroogde rode chilipepers, in stukjes gebroken
- 15 hele kerrieblaadjes, grof gehakt
- 1 theelepel kurkumapoeder

INSTRUCTIES:
a) Droog alle ingrediënten behalve de kurkuma op matig vuur.

b) Zodra het mengsel is afgekoeld, voeg je de kurkuma toe en doe je het in een kruidenmolen.

90. Chai Kurkuma Masala

Maakt: ¾ CUP

INGREDIËNTEN:
- 1 eetlepel hele zwarte peperkorrels
- 9 kaneelstokjes, in stukjes gebroken
- 1 eetlepel hele kruidnagel
- ½ theelepel venkelzaad
- 2 eetlepels hele groene kardemompeulen
- 3 zwarte kardemompeulen
- 2 eetlepels gemalen gember
- 1 theelepel kurkumapoeder

INSTRUCTIES:
d) Doe alle ingrediënten in een kruidenmolen.
e) Pulseer tot een fijn poeder.
f) Zeef na het malen om een fijner poeder te krijgen.

DESSERTS

91. Kurkuma en Maca-koekjes

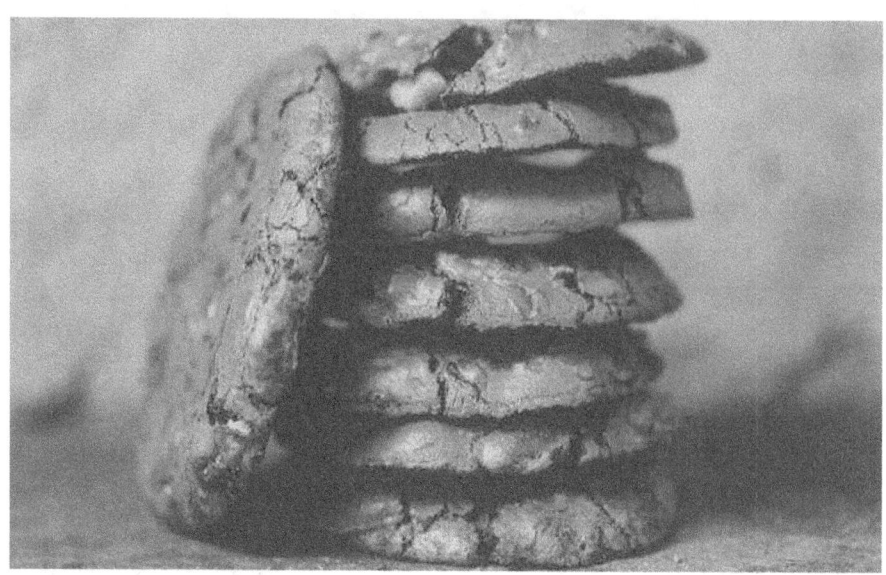

Maakt: 12

INGREDIËNTEN:
- ¼ kopje Ashwagandha-poeder
- ¼ kopje macapoeder
- 2 kopjes cacaopoeder
- 1 theelepel kurkumapoeder
- 1 theelepel kaneel
- ¼ theelepel zeezout
- ½ kopje kokosboter
- ½ kopje honing
- ½ kopje boter

INSTRUCTIES:
a) Meng in een grote kom de droge ingrediënten Ashwagandha-poeder, maca-poeder, cacaopoeder, kurkumapoeder, kaneel en zeezout.
b) Combineer in een andere kom de natte ingrediënten van kokosboter, honing en boter.
c) Meng de natte en droge ingrediënten om het deeg te maken.
d) Giet het koekjesdeeg in een mini-muffinpan of chocoladevorm en vries in.

92. <u>Kurkuma chocolademousse</u>

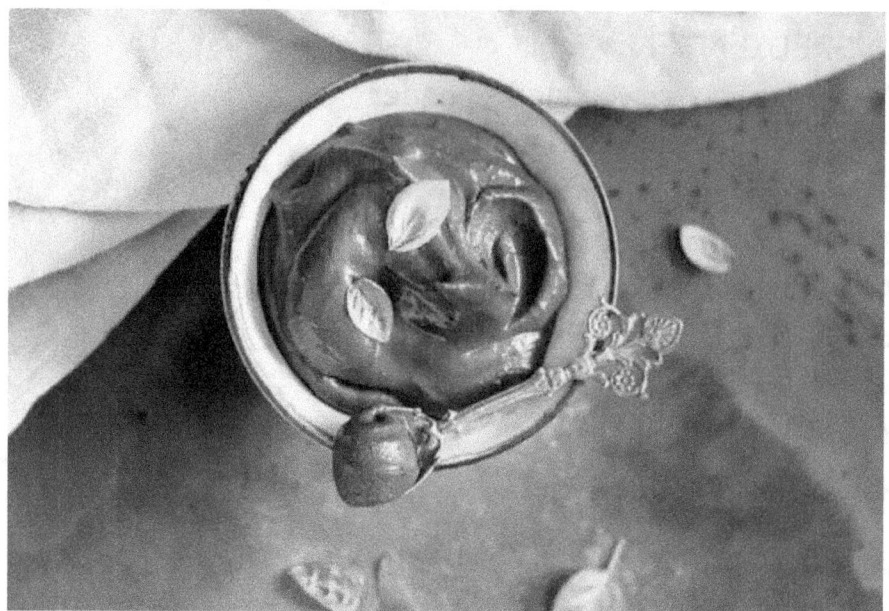

Maakt: 2 porties

INGREDIËNTEN:
- 4 ons amandelmelk
- 2 eetlepels Cocoa Protein Superfood Blend
- 3 stuks kokosvlees
- 4 afspraken
- 1 eetlepel kokosboter
- ½ avocado
- 1 eetlepel pindakaas, in poedervorm
- 2 eetlepels kokosvlokken
- 1 theelepel Ashwagandha
- ½ theelepel parelpoeder
- ½ theelepel roze Himalaya zeezout
- ½ theelepel kurkumapoeder
- 1 eetlepel Manuka-honing
- 2 druppels stevia

INSTRUCTIES:
a) Combineer alle ingrediënten in een blender.
b) Serveer gegarneerd met vers fruit, aardbeien, gojibessen, granola en kokosvlokken.

93. Goji, pistache en citroentaart

Maakt: 12

INGREDIËNTEN:
VOOR DE RUWE VEGAN PISTACHIO KORST:
- 1½ kopje amandelmeel of amandelmeel
- ½ kopje pistachenoten
- 3 datums
- 1½ eetlepel kokosolie
- ½ theelepel gemalen kardemompoeder
- ⅛ theelepel zout

VULLING:
- 1½ kopje kokosroom
- 1 kopje citroensap
- 1 eetlepel maizena
- 2 theelepels agar-agar
- ¼ kopje ahornsiroop
- ½ theelepel gemalen kurkumapoeder
- 1 theelepel vanille-extract
- ½ theelepel goji-extract

TOPPING:
- een handvol gojibessen
- draken fruit
- eetbare bloemen
- chocolade hartjes

INSTRUCTIES:
SCHERPE SCHAAL
a) Mix het amandelmeel en de pistachenoten in een keukenmachine/blender tot een fijn kruim.

b) Voeg de rest van de korstingrediënten toe en meng goed tot je een homogeen plakkerig mengsel krijgt.

c) Doe het korstdeeg in een taartvorm en verdeel het gelijkmatig over de bodem.

d) Laat opstijven in de koelkast, terwijl je de vulling klaarmaakt.

VULLING

e) Verwarm de kokosroom in een middelgrote pan en roer goed tot een glad en uniform mengsel.

f) Voeg de rest van de ingrediënten voor de vulling toe, inclusief de maïzena en agar-agar.

g) Breng onder voortdurend roeren aan de kook en kook een paar minuten tot het begint te binden.

h) Als het mengsel dikker wordt, haal het dan van het vuur en laat het 10-15 minuten afkoelen.

i) Giet vervolgens over de korst en laat het volledig afkoelen.

j) Zet minimaal een paar uur in de koelkast tot de vulling helemaal opgesteven is.

k) Versier met gojibessen, drakenfruitballen en eetbare bloemen, of met je favoriete toppings.

DRANKEN EN SMOOTHIES

94. Kurkuma Amandelmelk

Maakt: 2 kopjes

INGREDIËNTEN:
- 1 theelepel kurkumapoeder
- 2 kopjes amandelmelk
- 1 kaneelstokje
- 1 eetlepel ahornsiroop
- 1 eetlepel eetbare rozenblaadjes, om te garneren

INSTRUCTIES:
a) Giet in een koekenpan op middelhoog vuur 2 kopjes melk.
b) Meng kurkumapoeder en 2 eetlepels water in een klein kopje om een pasta te maken.
c) Giet deze pasta in de hete melk.
d) Voeg kaneel en je favoriete zoetstof toe.
e) Meng alle ingrediënten en laat 4 minuten sudderen op laag vuur.
f) Zet het vuur hoog en haal de pan na de eerste kookbeurt van het vuur.
g) Serveer in twee mokken en strooi er rozenblaadjes over.

95. Kurkumamelk met Moringa

Maakt: 1 portie

INGREDIËNTEN:
- 1 ½ kopje plantaardige melk
- ½ kopje water
- 1 eetlepel honing
- 1 theelepel kurkumapoeder
- ½ theelepel vanille-essence
- ½ theelepel moringa
- ¼ theelepel kruidnagelpoeder
- ¼ theelepel gemalen zwarte peper
- ¼ theelepel Ceylonkaneel
- ⅛ theelepel gemalen nootmuskaat
- 1 kaneelstokje voor garnering

INSTRUCTIES:
a) Combineer alle ingrediënten in een pan en breng langzaam aan de kook.
b) Mix gedurende 30 seconden in een blender of gebruik een melkopschuimer om te blenden en schuim te creëren.
c) Giet in een mok en garneer met zwarte peper en een kaneelstokje.
d) Genieten.

96. Kurkuma Kokosmelk Latte

Maakt: 1 portie

INGREDIËNTEN:
- 1 kop kokosmelk
- vleugje vanille
- ½ theelepel gemalen kaneel
- 1 eetlepel kurkumapoeder
- 1 theelepel Ashwagandha-poeder
- Honing of ahornsiroop

INSTRUCTIES:

a) Breng de kokosmelk aan de kook.

b) Combineer alle ingrediënten in een grote mengkom tot de kruiden volledig zijn opgelost.

97. Banaan Kurkuma Smoothie

Maakt: 2 porties

INGREDIËNTEN:
- 2 bananen
- 2 kopjes melk
- 1 kopje gewone yoghurt
- ½ kopje notenboter
- ¼ kopje kokosolie
- 2 eetlepels Ashwagandha-poeder
- ½ theelepel kurkumapoeder
- 2 theelepels gemalen kaneel
- Honing, naar smaak

INSTRUCTIES:
a) Combineer bananen, melk, yoghurt, notenboter, kokosolie, Ashwagandha, kurkuma, kaneel en honing in een blender.

b) Mix 4 minuten en serveer dan.

98. Kurkuma Cashewmelk

Maakt: 1 portie

INGREDIËNTEN:
- 1 theelepel Ashwagandha-poeder
- 1 theelepel kurkumapoeder
- ½ kopje cashewmelk
- 1 theelepel kokosolie

INSTRUCTIES:

a) Meng de melk, kurkuma en ashwagandhapoeder en verwarm het tot het lauwwarm is.

b) En voeg dan de kokosolie toe.

99. Kurkuma Smoothie Met Kombu Kelp

Maakt: 2

INGREDIËNTEN:
- 1 theelepel Kombu-vlokken of zeewierpoeder
- 150-200 ml kokoswater
- ¼ ananas, geschild en in blokjes gesneden
- ½ komkommer, in stukjes gesneden
- 1 limoen, geschild
- 2 stengels bleekselderij
- 2 handenvol spinazie of boerenkool
- 10 verse muntblaadjes
- 1 duimgroot stuk geschilde kurkuma of gember
- 1 theelepel matcha

INSTRUCTIES:
a) Doe alle ingrediënten in de aangegeven volgorde in een sapcentrifuge of krachtige blender.
b) Blend tot een gladde massa en geniet direct.

100. Kurkuma en Gember Kefir

Maakt: 2

INGREDIËNTEN:
- 1 kopje kefir
- 1 theelepel gemalen kurkuma
- 1 theelepel geraspte verse gember
- ½ theelepel gemalen kaneel
- 2 theelepels honing

INSTRUCTIES:
a) Meng en geniet.

CONCLUSIE

Nu je het einde van HET MAGISCHE TURMERIC KOOKBOEK hebt bereikt, hopen we dat je je geïnspireerd voelt om de levendige smaken en gezondheidsvoordelen van kurkuma in je eigen keuken te brengen. Dit kookboek is ontworpen om de veelzijdigheid van kurkuma te demonstreren en je te voorzien van een breed scala aan heerlijke en gezonde recepten om uit te kiezen.

We hopen ook dat je meer hebt geleerd over de vele gezondheidsvoordelen van kurkuma, van de ontstekingsremmende en antioxiderende eigenschappen tot de mogelijke rol bij het voorkomen van chronische ziekten. Door kurkuma in uw dieet op te nemen, kunt u de natuurlijke afweer van uw lichaam ondersteunen en de algehele gezondheid en het welzijn bevorderen.

Tot slot willen we je bedanken voor het kiezen van HET MAGISCHE KURKUMA KOOKBOEK als je gids voor koken met kurkuma. Wij geloven dat kurkuma een echt superfood is dat een plaats verdient in elke keuken, en we hopen dat dit boek je heeft geholpen nieuwe en opwindende manieren te ontdekken om het in je maaltijden te verwerken. Dus ga erop uit, experimenteer met kurkuma en geniet van de heerlijke en voedzame resultaten!